高校师范生
德育实效路径研究

ON EFFECTIVE PATH OF
MORAL EDUCATION OF
NORMAL UNIVERSITY STUDENTS

程俊 等著

ZHEJIANG UNIVERSITY PRESS
浙江大学出版社

目　录

导论 ……………………………………………………………… (1)

(一)概念界定 …………………………………………………… (1)

　1.何谓德育 …………………………………………………… (1)

　2.何谓师德 …………………………………………………… (3)

(二)政策导向 …………………………………………………… (6)

　1.价值导向 …………………………………………………… (6)

　2.目标导向 …………………………………………………… (7)

(三)现状问题 …………………………………………………… (9)

　1.一般路径 …………………………………………………… (9)

　2.现实问题 ………………………………………………… (11)

第一章　学校层面的实效路径 ……………………………… (14)

(一)德育的师资体系建设 …………………………………… (14)

　1.第一课堂教师 …………………………………………… (14)

　2.第二课堂教师 …………………………………………… (17)

　3.校、院管理层 …………………………………………… (20)

(二)德育的课程体系建设 …………………………………… (23)

　1.思政类课程 ……………………………………………… (24)

　2.专业类课程 ……………………………………………… (27)

　3.拓展类课程 ……………………………………………… (30)

(三)德育的政策体系建设 …………………………………… (35)

1. 目标与价值取向 ……………………………………… (35)

2. 内容与具体实施 ……………………………………… (37)

3. 评价与改进机制 ……………………………………… (39)

第二章 学生层面的实效路径 ……………………… (42)

（一）德育的自我养成 …………………………………… (42)

1. 夯实师德基础 ………………………………………… (42)

2. 锤炼师德能力 ………………………………………… (46)

3. 提升师德素养 ………………………………………… (49)

（二）德育的共勉共济 …………………………………… (52)

1. 教师与学生共勉 ……………………………………… (52)

2. 学生与学生共济 ……………………………………… (57)

3. 班级与学生共进 ……………………………………… (61)

（三）德育的终身持守 …………………………………… (65)

1. 师德信仰 ……………………………………………… (65)

2. 师德艺术 ……………………………………………… (70)

3. 师德惯性 ……………………………………………… (72)

第三章 社会层面的实效路径 ……………………… (76)

（一）重构尊师重道的社会风尚 ………………………… (76)

1. 政策指示 ……………………………………………… (76)

2. 舆论引导 ……………………………………………… (78)

3. 法律规范 ……………………………………………… (80)

（二）重建社会德育的基础功能 ………………………… (83)

1. 改善社会德育环境 …………………………………… (84)

2. 增进网络社会德育 …………………………………… (86)

3. 提升社区德育质效 …………………………………… (89)

（三）重塑立德树人的精神共识 ………………………… (92)

1. 以德育人 ……………………………………………… (92)

2. 以德论事 ……………………………………………… (95)

3. 以德选才 ……………………………………………… (98)

第四章 家庭层面的路径实施 …………………… (102)

（一）家庭教育与家庭德育 …………………………… (102)

1. 家范和师范 ………………………………………… (102)

　　2.家传与师传 ……………………………………………………… (105)

　　3.家教和德育 ……………………………………………………… (107)

　(二)家风建设与师风师德 ……………………………………… (109)

　　1.惯性与品性 ……………………………………………………… (109)

　　2.家规与教规 ……………………………………………………… (111)

　　3.家风与师风 ……………………………………………………… (113)

　(三)贯彻家庭教育促进法 …………………………………… (116)

　　1.依法治家 ……………………………………………………… (116)

　　2.依法家教 ……………………………………………………… (118)

　　3.依法德育 ……………………………………………………… (121)

参考文献 ……………………………………………………… (124)

后记 ……………………………………………………………… (130)

导　论

(一)概念界定

事物的任何研究,其基础在于概念的明确。德育和师德的概念经历了从古至今多个阶段的内涵演化,也面临从不同视角界定的显性差异化问题,若不能明确其普遍的确切内涵,我们的德育研究和师德建设都将失之偏颇。本书比较分析了学界对于德育和师德概念的不同界定,在批判、借鉴、吸收的基础上提出了本书的观点。

1. 何谓德育

德育概念是在英国学者赫伯特·斯宾塞(Herbert Spencer,1820—1903)的《教育论》发表后逐渐确立的,它由"教育"这个大概念细化延伸而来。20 世纪初期,"德育"一词连带它被西方赋予的概念一起传入我国,此时德育仅仅指的是"道德教育"。1928 年唐钺先生在其编著的《德育大辞书》中明确指出:"德育为教育之一方面,以儿童之道德心之陶冶为目的","是德性之熏陶"。同年,王克仁、余家菊等先生编写的《中国教育辞书》同样指出:"道德教育,训练道德品格之教育也,一称德育。"[①]到了 20 世纪 80 年代,德育的概念引发了学术界的激烈讨论。从定义上看,众说纷纭。从外延上看,有狭义和广义之分。有人认为德育就是施教者传授、培育受教者道德的过

---

① 刘青.德育概念综述[J].知识经济,2011(8).

程。有人认为德育是将一定社会或阶级的思想观点、政治准则、道德规范转化为个体思想品德的教育活动。① 也有人认为德育是"教育者按照一定社会或阶级的要求,有目的、有计划、系统地对受教育者施加思想、政治、道德影响,通过受教育者积极的认识、体验、身体力行,以形成他们的品德和自我修养能力的教育活动"。② 还有人认为"德育是教育者按一定的社会要求,有目的、有计划地对受教育者心理上施加影响,以培养起教育者所期望的思想品德"③。《教育大词典》将"德育"概念界定为:德育是形成受教育者一定思想品德的教育。④《中国大百科全书·教育卷》将"德育"概念界定为:德育是教育者按照一定社会或阶级的要求,有目的、有计划、有组织地对受教育者施加系统影响,把一定的社会思想和道德转化为个体的思想意识和道德品质的教育。⑤

目前学术界对于德育的概念观点不一,有的观点存在着泛化的现象,"大德育"的概念也是不一而足。其原因大致有四点:传统德育思想的影响、"言政"时代的印记、苏联教育学的影响以及时代发展的需要。如果对德育这一概念缺乏准确界定,学界依旧存在各种理解、各种争议,不仅会影响相关学术交流,也会因缺乏共同认知这一基础,而影响到德育改革的深化。

国家对于德育的概念也有相关规范性描述。1995 年正式颁布、1998 年试行的《中学德育大纲》,对中学教育阶段的德育内容就已经做出了详细规定,德育即对学生进行政治、思想、道德和心理品质教育。根据受教育者年龄阶段的不同,德育的内容存在差别,但大致的方向是相同的。其内容细分主要包括:爱国主义教育、集体主义教育、社会主义教育、理想教育、道德教育、劳动教育、社会主义民主观念和遵纪守法的教育、良好个性心理品质的教育。随着新时期教育改革的不断深入,教育部于 2017 年 8 月 17 日颁发了《中小学德育工作指南》,进一步明确我国中小学德育内容,主要包括理想信念教育、社会主义核心价值观教育、中华优秀传统文化教育、生态文明教育和心理健康教育等。⑥

① 胡守棻.德育原理[M].北京:北京师范大学出版社,1989:20.
② 雷蕾蕾."三位一体"中学生德育模式问题研究[D].济南:山东师范大学,2019.
③ 南京师范大学教育系.教育学[M].北京:人民教育出版社,1984:59.
④ 顾明远.教育大辞典[M].上海:上海教育出版社,1998:249.
⑤ 中国大百科全书总编辑委员会.中国大百科全书·教育卷[M].北京.中国大百科全书出版社,1986:59.
⑥ 徐丽.农村初中"三位一体"德育模式的应用研究[D].南充:西华师范大学,2021.

高校德育概念则是与中学德育大纲所规定的同根同源,一脉相承。其内容模块不变,只是在知识层面和实践层面深化了内涵、提高了要求,对大学生的道德要求更为严格,让青年提高对自身要求和人文关怀的意识,促进自身行为的规范性,使其符合社会道德要求,即教育者根据社会发展需求和大学生成才的规律与需要,有目的、有计划、有组织地系统地对大学生施加一定的思想道德影响,并通过其品德内部的冲突运动,使其养成教育者所期望的德才兼备的人才。① 我国高校德育大纲有明确规定:"德育即思想、政治与品德教育,它体现教育的社会性与阶段性,是学校教育的主要组成部分。它与智育、体育等相互联系,彼此渗透,密切协调,共同育人。思想教育主要是马克思主义的世界观和方法论教育,人生观与价值观教育;政治教育主要是社会主义、集体主义、爱国主义教育,党的路线、方针、政策教育,民主法制教育;道德教育主要是以为人民服务为核心,以集体主义为原则,以'五爱'为基本要求,开展社会公德、职业道德、家庭美德教育。"②

本书认为,德育从本质上讲是关于人格、生命、生活质量的完整教育,其目的在于使受教者的品行修养合乎社会标准。从古至今,德育的概念在不断地被定义,推陈出新。在现代社会,德育是将社会公德、职业道德、家庭美德等通过对不同的主体的约束规范,要求人们自觉或不自觉地转化为内在的准则,做到"内化于心,外化于行"。师范生德育是学校、家庭、社会等教育主体有目的地培养师范生品德的活动,包括思想教育、政治教育、道德教育、劳动教育、心理健康教育等,使其具备成为一名教师的基本道德素养。

2. 何谓师德

中华民族早在先秦时期就已经形成了优良的教师职业规范,《吕氏春秋·劝学》中提出"当师之务,在于胜理,在于行义"的观点;《礼记·学记》中点明"师德"为"为人师表、教学相长";《师说》中阐释了教师的职责是传道、授业、解惑……与此同时,以儒家思想为主,古代师德观的主要特征也得到明确:学而不厌,诲人不倦;以身作则,为人师表;热爱学生,关心学生;因材施教,循循善诱;严于律己,宽以待人。然而,"师德"的概念界定却没有出现,我们需要将"师德"这个词拆分开,来找到对应的释义。师德由"师"与"德"两个字构成。《韩诗外传》有云:"行可以为仪表者,人之师也。"为人师

① 赵祖地.高校德育评估概论[M].杭州:浙江人民出版社,2003:6.
② 国家教委.中国普通高校德育大纲[J].中国高等教育,1996(2).

表者,"身"正方可为范。就"德"而言,儒家秉持"仁"为道德的最高境界。[1] 春秋战国时期,天下纷争不断、诸侯割据争霸,就各国国策的长期目标来说,一切都服务于增强国力的需要。因此,政治家和教育家的身份常常叠加在一个人的身上,也就是说,在这个时期,官德与师德的概念是糅合在一起的。

师德的概念形成于近代西方,最初的概念为教师职业行为的准则。[2] 师德概念进入我国以后,受我国传统"师道"文化的影响被赋予了更丰富的内涵。我国传统师德概念因教师职业特点不明显及教师地位和形象崇高化等原因,现代师德理论体系尚未建立起来,学术界关于"师德"的概念界定仍处于模糊状态。

"师德"概念具有狭义与广义之分,目前有三种主流观点:第一,师德是教师职业道德的简称。《教育大辞典》(顾明远主编,上海教育出版社 1990 年版)把师德解释为教师进行教育教学工作,处理各种关系、问题应遵循的准则和行为规范。以这个概念为基础,比较有代表性的观点认为,"师德,即教师的职业道德,是教师和一切教育者在从事教育活动时必须遵守的道德规范和行为准则,以及与之相适应的道德观念、情操和品质之和"[3]。第二,认为"师德"即教师的个人道德。如《语言大典》(王同亿主编,三环出版社 1990 年版)对师德的解释为:"师德,教师的道德。"以"师德即教师道德"为前提,还有人指出,"师德即教师道德,它作为教师的一种较为稳定的道德观念和行为规范,是社会对教师的基本要求,是教师应当遵守的行为规则"[4]。在这两种观念冲突融合之中产生了第三种观点:所谓师德,乃教师之德,即"师德"既可以指教师职业道德,又可以指教师道德。[5] 第一种观点是狭义的概念,第二和第三种观点则是广义的概念。有学者认为,在广义概念中,师德概念被泛化,公众将社会公德、个人品德强加在教师身上,这给教师带来了过大的压力和责任,这成为学界目前探讨的一大热点问题。

本书侧重于研究高校师范生师德。高校师范生师德与师德的概念既有联系又有区别,是个性和共性、个别与一般的关系。相同点在于二者都是对

① 王中江."身心合一"之"仁"与儒家德性伦理——郭店竹简"鈊"字及儒家仁爱的构成[J].中国哲学史,2006(1).

② 辛未,姬冰澌.师德概念研究述评[J].上海教育科研,2018(9).

③ 檀传宝.走向新师德[M].北京:北京师范大学出版社,2009:21.

④ 王毅,贾长虹.对新世纪高校师德建设的思考[J].教育与职业,2005(14).

⑤ 于小艳,陈安娜.师德之"界"与"线"[J].教学与管理,2015(27).

教师职业的道德要求,存在着包含关系。从狭义上来看,高校师范生师德就是指高校师范生在未来从事教育工作时,应具备的行为规范。蔡小葵在《从德育工作者的视角看高职院校师德建设》中指出,高校教师的师德,作为职业道德来说,是指教师长时间进行教育教学实践过程中形成的比较稳定的道德观念和行为规范的总和。① 曹剑在此基础上还提出"师德属于社会伦理道德范畴,是特定社会为人才培养而对教师提出的道德要求,是教师教学过程中在处理与学生、家庭与社会各种关系时表现出来的教师个人的职业道德素养"②的观点。从广义上来看,高校师范生的师德是指高校师范生的道德。学者冉春桃认为师德是集中反映教师的个人思想道德和人格品质的内在精神。③ 但是高校师范生作为大学生中的重要部分,具有其特殊性,因此高校师范生的师德内涵也具有特殊性。

在学术界的各位学者对"师德"的概念范围各抒己见时,国家也发布了相应的规范。2018年教育部印发的《新时代中小学教师职业行为十项准则》明确了中小学教师的行为准则:坚定政治方向、自觉爱国守法、传播优秀文化、潜心教书育人、关心爱护学生、加强安全防范、坚持言行雅正、秉持公平诚信、坚守廉洁自律、规范从教行为。④ 党的十九大以来,"有理想信念、有道德情操、有扎实学识、有仁爱之心"的"四有"好教师已是教师职业道德的重要内容。

本书认为师德概念应与时俱进、推陈出新,在社会转型下,高校师范生师德应该被不断赋予新的积极内涵。师德的概念不应当仅从教师范围出发考虑,而应从社会整体性出发,传道、授业、解惑者即为"师",因此"师者"的范围应当包含各行各业。为人师者,就该具备基本的师德:政治素养过硬、知识功底扎实、职业道德高尚、关心爱护学生。本书讨论的高校师范生师德是指新时期高校师范生应当具有良好的道德品质及综合素质,包括思想道德、价值追求、职业道德、社会公德等,是广义的师德。

---

① 蔡小葵.从德育工作者的视角看高职院校师德建设[J].湖南科技学院学报,2012,33(4).

② 曹剑.新时期师德师风建设研究[J].教育与职业,2013(32).

③ 冉春桃.论社会主义核心价值体系大众化与高校师德师风建设[J].中南民族大学学报(人文社会科学版),2013,33(1).

④ 中华人民共和国教育部.教育部关于印发《新时代高校教师职业行为十项准则》《新时代中小学教师职业行为十项准则》《新时代幼儿园教师职业行为十项准则》的通知[EB/OL].http://www.moe.gov.cn/srcsite/A10/s7002/201811/t20181115_354921.html,2018-11-14.

(二)政策导向

价值引领、目标引领能够为师范生德育实效路径确定大方向,起到积极引导的作用。这里从社会主义核心价值观、中华优秀传统文化和新时代中国特色社会主义思想三方面出发,简述当代德育的高校价值导向;从党和国家以及教育部的相关政策出发,梳理概述从新中国成立以来各时期的相关政策,明确了当代德育的目标导向。

1.价值导向

价值在哲学上的定义是事物对主体的积极意义。德育价值导向就是从社会各个阶级、施教者和受教者需求角度出发,将具有普遍意义的价值标准进行统一,把受教育者的行为和思考模式引导到符合历史发展规律、社会发展要求的方向上来。

根据学者曾欣然提出的品德发展"十阶段"论,高校学生(18～22岁)处于德性结构自组期。青年初期、中期的德性结构发展通常表现为德性内心冲突和发展的迅速性。在这一阶段,青年常常面临着价值观的冲突与选择,这也是基本价值观定型的最后一个阶段。价值观具有导向作用。正确的价值观有利于人们实现自身价值、创造自身价值、推动社会发展。如果没有正确的价值导向,青年就会失去评判事物的基本标准,道德失范就会屡屡发生。高校有责任和义务对高校师范生进行德育引导,帮助青年树立正确的价值观。因此,高校德育的价值导向重要性不言而喻。高校德育价值导向的方向有以下几点:

第一,社会主义核心价值观。社会主义核心价值观凝结了全体人民的共同价值追求,是当代中国精神的集中体现。当今世界正处于文化多元化、经济全球化的时代,多元文化交流导致信息良莠不齐,社会主义核心价值观为高校德育建设指引方向。社会主义核心价值观既承载了我国人民共同的精神追求,也起到了积极的导向作用。引导学生积极践行社会主义核心价值观,一方面能利用道德力量对学生行为进行约束,另一方面能加深学生对于核心价值观的理解。高校德育高举理想信念旗帜、加强学生思想道德建设,有利于学生在实现自我价值的同时促进社会和谐发展。

第二,中华优秀传统文化。中华优秀传统文化孕育中华民族的精神追求,是涵养社会主义核心价值观的重要源泉,是中华文化的源头。中华优秀传统文化中的"和合"思想为和谐德育观提供滋养；爱国主义思想则有利于帮助学生树立正确的家国观念，从而激发为中华民族伟大复兴而奋斗的使命感；重义轻利思想能帮助学生避免个人主义、拜金主义等极端理念的产生，理解并处理好个人与社会的关系；"自强不息"的思想有助于学生正确成长观的树立，磨炼意志、砥砺自我，树立积极进取的人生态度；"诚实守信"的思想有利于营造和谐的社会氛围，为实现大同社会创造基本条件……在以文育人的过程中，要坚持文化自信，"推陈出新、革故鼎新"地传承文化，要培养学生的鉴别能力，使高校师范生在接收优秀传统文化滋养的同时，有意识、有能力进行文化创新。

第三，新时代中国特色社会主义思想。中国共产党立志于中华民族千秋伟业，必须培养一代又一代拥护党的领导和我国社会主义制度、立志为中国特色社会主义事业奋斗终身的有用人才。在这个根本问题上，必须旗帜鲜明、毫不含糊。青少年是祖国的未来、民族的希望，我们要把他们教育好、培养好。要用新时代中国特色社会主义思想铸魂育人，帮助青少年准确把握基本国情，把握历史规律，坚定理想信念，把热爱祖国与维护民族团结结合起来，把热爱民族与铸牢中华民族共同体意识结合起来，把个人成长发展与国家前途命运结合起来，扬爱国情、立强国志，在投身国家发展、服务民族振兴的时代征程中成就非凡事业、铸就别样精彩。要将爱国主义教育和培养民族精神纳入德育的重要内容，引导学生增强中国特色社会主义道路自信、理论自信、制度自信、文化自信，厚植爱国主义情怀，以铸牢中华民族共同体意识为主线，把爱国主义教育贯穿到大学生思想政治教育全过程，大力培育和弘扬民族精神，培养造就担当民族复兴大任的时代新人。

2. 目标导向

稳定的政策导向是高校德育的基础和旗帜。政策具有指向性，是高校德育发展的必要前提。政策导向同时也意味着目标导向，包括由此引申出的目标定位。目标，是指一定时间内所要达到的具有一定规模的期望标准，在某种意义上就是人所期望达到的成就和结果。[①] 高校目标就是指高校对教学实践成果的预期，高校德育目标是指对高校师范生思想教育、政治素养教育等方面的教育成果的预期。

新中国成立初期，我国的德育目标以"共产主义理想教育"和"党的方针

---

① 　逄世丽,赵宝珍.论高校德育目标的内涵及其实现[J].新学术,2007(4).

政策"为主题展开,德育思想内涵表现为"五爱""三好";改革开放时期,我国的德育目标是着力于培养具有改革开放精神的社会主义现代化建设者。

党的十八大以后,我国处于社会主义发展的新时期,党和国家对德育也有新的相关规定。

第一,明确德育的重要性。德育作为五育之首,对人才培养起到决定性的作用。党的十八大以来,党和国家把教师的帅德帅风建设摆在突出位置,2018年出台的《关于全面深化新时代教师队伍建设改革的意见》指出,"坚持兴国必先强师,深刻认识教师队伍建设的重要意义和总体要求","落实立德树人根本任务,遵循教育规律和教师成长发展规律,加强师德师风建设,培养高素质教师队伍"。[①] 师范生不仅是"担当民族复兴大任的时代新人"的重要组成部分,也是未来承担教书育人职责的"准教师",提高师范生德育成效,有助于提高我国未来教师队伍素质,有利于提升我国基础教育水平,能够更好地落实立德树人根本任务。

第二,明确德育的总基调。德育目标决定德育的方法、内容、路径,影响德育工作的全过程,因此高校要把握好德育目标的总基调、总布局。"立德树人"是教育总目标的要求,可概括为"一个树立"和"四个正确认识"。其中,"一个树立"就是树立为共产主义和中国特色社会主义理想奋斗的信心;"四个正确认识"就是"正确认识世界和中国发展大势,不断树立为共产主义远大理想和中国特色社会主义共同理想而奋斗的信念和信心;正确认识中国特色和国际比较,全面客观认识当代中国、看待外部世界;正确认识时代责任和历史使命,用中国梦激扬青春梦,点亮理想的灯、照亮前行的路;正确认识远大抱负和脚踏实地,把远大抱负落实到实际行动中,让勤奋学习成为青春飞扬的动力,让增长本领成为青春搏击的能量"。[②] "一个树立"是"四个正确认识"的前提,"四个正确认识"是"一个树立"的具体表现,二者相辅相成,存在着内在的逻辑关系。[③]

第三,明确德育的新目标。当下德育目标的基本理念则可概括为"三个

---

① 中共中央、国务院.中共中央国务院关于全面深化新时代教师队伍建设改革的意见[N].人民日报,2018-03-01.

② 习近平.把思想政治工作贯穿教育教学全过程 开创我国高等教育事业发展新局面[N].人民日报,2016-12-09(7).

③ 李强华.习近平德育思想及其对高校课程思政的启示[J].厦门城市职业学院学报,2019,21(3).

更加":一是更加强调意识形态导向。意识形态工作是党的一项极端重要的工作,事关党的前途命运,事关国家长治久安,事关民族凝聚力和向心力。面对新形势新任务,意识形态工作的地位和作用愈发凸显和重要,这就要求我们党必须始终坚持牢牢掌握意识形态领导权、科学强化意识形态管理权、努力提升意识形态话语权。二是更加尊重学生的主体地位。培养具有主体性的人,是教育教学改革的先进理念。重视学生主体性教育,建构学生主体地位,充分发挥学生在整个教学过程中的主体作用,才能有效地提高学生的学习效益。三是更加注重多元协同育人。中共中央、国务院《关于加强和改进新形势下高校思想政治工作的意见》提出坚持全员全过程全方位育人(简称三全育人)的要求,为新时期德育工作指明了方向,努力汇聚起教育系统和社会各方的更大合力。

第四,选择具有时代性、民族性的教育内容。教育内容要体现时代精神和中国特色,应当以继承中国优秀传统文化、培育青年社会主义核心价值观、培育青年坚守主流意识形态的意识、培养爱国主义精神和优秀道德品质为德育内容,培养出能够担当民族复兴大任的时代新人。

青年是社会发展的主力军,是民族兴旺的中流砥柱,肩负新时代赋予的重要使命。青年的德育工作不仅关乎青年自身的发展,也关乎社会、国家未来的发展。高校应当根据时代政策目标指向,不断创新、积极开展德育工作建设,培养新时代青年成为国家栋梁之材。

(三)现状问题

目前高校德育建设工程已具备一定的规模和体系,但仍然存在问题。本书从学校、学生、社会和家庭四个层面探寻德育实效路径,了解现在的德育模式、德育现状,并以此入手,对应四个方面进行问题研究,以期对未来德育建设工程起到抛砖引玉的作用。

1. 一般路径

德育实效路径一般分四个层面:学校层面、学生层面、社会层面和家庭层面。

第一,学校层面的实效路径。主要分为三个方面:德育师资体系建设,课程体系建设和政策体系建设。师资指第一课堂教师、第二课堂教师和院校管理层,师资力量对于德育教学起到决定性的作用。第一课堂教师——

思政理论课教师、师范专业课教师和校外高层次导师，三者之间各有侧重而又相辅相成，对德育起着基础性作用；第二课堂教师——师范班班主任、师范生辅导员和校内社团老师，三者因其与学生生活相对密切的关联性，影响学生德育的实践度；校、院、系管理层，学校管理层是学校整体德育建设的指挥者和监督者，学院管理层能筑牢学校德育工程的坚实基础，系所管理层则是高校德育的落实主体。课程建设以思政类课程为主，以专业类课程为辅，加以思政选修课作为拓展延伸，全方位渗透德育教学内容，达到落实好传授学生德育基础知识的教学目的。政策体系建设以政策制定、德育实施和德育保障为基本内容，以其时代性、先进性和完善性起到保障检验作用，作为高校德育实效性的目标指向和校验标准。

第二，学生层面的实效路径。主要分为三个方面：德育的自我养成、共勉共济和终身持守。德育的自我养成侧重于学生自身的德育意识保持，紧跟时代步伐，关注相关政策和提高自身修养，在夯实师德基础之上锤炼师德能力，涵养教育情怀，最终实现向下一代的德育输出，代代相授。德育共勉共济的对象组合为教师与学生、学生与学生、班级与学生。师范生德育的养成离不开具备相关能力的导师的引领，同时学生的意见能为反馈渠道注入德育问题交流的原生动力，从而实现教学相长；师范生德育的养成离不开学生之间的互助互勉、合作交流，优秀学生的榜样引领、党员学生的先锋作用能够起到积极的示范作用，同时，学生之间结对互助的模式能促使师范生之间彼此渗透感悟；师范生德育的养成也离不开班级内部的学风班风影响，浸润在优良的班风中，师范生能够自觉融入环境，严格要求自己。德育的终身持守需要坚持师德信仰，学会师德艺术并且培养师德惯性，"终身"的持久性要求主体真正将师德内化为自身品质，将坚守师德作为自身习惯，自觉或不自觉地传承坚持。

第三，社会层面的实效路径。主要分为三个方面：重构尊师重道的社会风尚、重建社会德育的基础功能和重塑立德树人的精神共识。重构尊师重道的社会风尚需要政策、道德、法律的三重构建来保障，政府制定政策起到导向作用，舆论的引导和监督有利于营造社会德育氛围，法律规范则画定底线，起到最后的保障作用，三者相互作用有利于尊师重道社会风尚的形成；建立良好的社会德育环境首先依靠政府组织、传媒主体与基层机构共同协调，合力改善社会德育环境，其次通过网络学习、操作、倾诉提升德育认知，落实德育实践，加强德育指导；同时德育作为和谐社会不可缺少的一部分，社区首先明确自身定位，通过整治周边环境、提升文化品质来提升社区德育质效;重塑立德树人的精神共识要抓好"三德"标准,坚持"以德育人""以德论事""以德选才",所有师范生、教育者都要时刻用"三德"要求自己,坚持以德育为核心培养师范生,以德育为首要标准来衡量师范生的素质能力。

第四,家庭层面的实效路径。主要分为三个方面:家庭教育与家庭德育、家风建设与师风师德、贯彻家庭教育促进法。明确家庭教育与家庭德育的概念区别和协同性。家庭是社会的基本单元,家范对师范生的成长起着重要作用,家长示范能在国家、社会与个人层面影响孩子的行为与性格;家庭美德传承以家训为基本规范内容,以乐善好施等优良品质为道德传承内容,构建以言传身教为主要形式的家族或家庭内部的家传系统,构建中华民族世代相承的不朽文明体系;家教是学校和社会教育的起点,对师范生德性养成具有奠基作用,以其早期性、连续性、权威性和感染性对孩子的成长起到无可替代的作用,因而需要家长树立正确的家规,传承家训,营造优良家风。家风建设与师风师德要求家庭成员养成日常德性习惯,要求家庭成员明确家规家训的作用并遵守规范,社会成员明确家风的重要意义并形成良好的家庭氛围。《中华人民共和国家庭教育促进法》于2022年1月1日起施行,国家通过法律对家庭教育提出要求。要求父母树立新型教育观,促进孩子全面发展;加强相关学习,提高家教能力;建立良好亲子关系,营造民主家庭,配合国家与社会将德育切实落实到生活之中,培养出具有高尚品行和家国情怀的时代新人。家庭生活属于社会生活的一个侧面,社会的安定与否、民族的兴旺与否都与家庭教育息息相关。

2. 现实问题

随着时代的发展和社会的变化,目前高校师范生德育工作存在以下一些问题。

第一,高校层面的德育问题。一是高校德育机构联动性不足。德育是综合性的教育教学,涉及多方面、多部门、多系统。目前我国高校德育设施配备已经比较完善,但各机构间的协调性、配合性较差,存在推诿现象。"分而不和",难以体现整体性的优势,整个德育工作效果被弱化。长此以往,高校德育系统功能将大幅削弱,对高校师范生的德育教学作用也将大幅下降。二是高校德育与实践脱节。教育是为人民更好地生活、社会更好地发展而服务的,只有将理论与实践相结合,教育才有意义。高校资金投入不充分,没有较大限度地开发利用校外资源,例如:企业、家庭等资源的利用不善,会导致高校师范生缺乏多渠道的实践机会。只有让高校师范生亲身经历感受,才能深化他们对于德育的理解。三是高校对于德育的重视程度不够。普遍存在对中国传统文化教育的重视程度不够、缺乏顶层设计、课程设置不完善、教学方式单一等问题,使得高校中华优秀传统文化教育仅仅是蜻蜓点水式的教育,使得德育教学的深入程度不够、结合面不广,使得教学模式不能灵活与专业课相结合,导致教学在高校师范生健康人格养成和道德素质的提升中没有起到应有的作用,教育效果欠佳。①

第二,学生层面的德育问题。一是德育自我养成不足。较多高校师范生思想基础不牢,缺乏对社会时事的认识,没有寻找自身教学方式的特色,在今后执教过程中会影响学生对教学内容的理解;部分高校师范生在不良社会观念和价值观的影响下,总以"苦行僧"的面目示人,会产生追求利益与遵从道德的内心冲突;部分师范生还存在缺乏教育情怀的问题,对于教育事业并不是发自内心的热爱,甚至存有拿教师职业当"跳板"的心理。二是德育共勉共济不足。德育的建设是双向的、多元化的,目前教师与学生、学生与学生、班级与学生之间都存在一些问题。师生之间反馈机制不完善,教师上课多为"填鸭式灌溉""一对多"模式,忽视了课程所需的互动性;学生之间缺乏协助意识,德育发展情况不容乐观,部分学生自我德育的内在驱动力不足,德育意识不够强,甚至小部分德育素养较高的师范生也在如此环境中被"反引导";班级与学生之间,班规、班风、学风三者皆完备的较少,构成一个有思想、有内涵、有规矩的班集体难度较高。三是德育的终身持守难为。精神层面的要求,往往是难度最大的。许多高校师范生师德信仰不坚定,怀有远大抱负的部分师范生常常被限制在金钱一隅,对职业理解的角度产生了偏差;许多高校师范生缺乏师德艺术,有时面对学生难以控制情绪,不会适当表达;许多高校师范生难以建立师德惯性,不会处理师德惯性与其他惯性的冲突。

第三,社会层面的德育问题。一是西方文化思潮的消极影响。当前,西方国家的文化渗透以其目标性、多元化和隐蔽性对国内高校师范生的思想产生消极影响,试图通过这种方式达到"和平演变"的目的。在西方文化无孔不入的形势下,部分高校师范生易被西方"拜金主义""享乐主义""个人主义"等观念洗脑;易产生信仰动摇,否定主流价值观;易使某些高校师范生认知能力下降,扭曲价值观。二是经济发展的负面影响。经济全球化在推动

---

① 秦茂森.新常态下中华优秀传统文化与高校德育融合的保障体系构建研究[J].教育探索,2020(5).

全球经济增长的同时,为西方消极思想的渗透提供便捷渠道,许多经济产业、商品带有强烈的西方文化色彩。随着国内市场经济发展,文化市场和媒体产生了一些令人担忧的现象:个别企业生产和销售低级趣味产品,一些媒体宣扬低俗荒诞内容,部分网民散布流言蜚语等,这些都会在无形之中冲击高校师范生的价值观念,影响他们的认知,进而影响高校师范生的行为。三是信息技术快速发展的负面影响。随着经济全球化和信息技术的发展,互联网时代背景下信息传播迅速、广泛,青少年获取知识的途径增多,文化多样化带来的诱惑也同样增加,部分高校师范生自控力不强,辨别能力较差,导致负面信息对高校师范生产生较大冲击,影响到人格品行的养成;部分高校师范生沉迷于网络,分不清虚拟与现实,从而忽视了现实生活的学习,这些对于德育建设具有一定的破坏力。

第四,家庭层面的德育问题。一是家长对孩子德育的重视程度不够。部分家长功利心过强,"唯分数论"的观念根深蒂固,过于注重孩子的学业成绩而忽视了其品格养成、心灵成长;高考填志愿过程中出现的"师范热"现象,也反映出家长在为孩子选择专业时,看重的是教师较高的社会地位和薪资待遇,而忽视了一名师范生需要具备的品格素质。此外,家长与孩子沟通交流不够,把自己的意志强加在孩子身上,给孩子造成了过重的心理负担。家长不仅忽视了孩子精神世界的成长,还容易使孩子忽视对自身品性的关注与自省,引发道德失范的现象。二是认知及教育方法有误。许多家长对于德育的概念模糊、片面,认为德育仅仅体现在待人礼貌,而不清楚德育是关于人的全方面培养,是对于人格、生命、生活质量的完整教育,家庭德育的引导方向就出现了问题。对孩子采取放任自流、棍棒教育等教育模式现在依然常见,这不仅忽视了孩子心灵上的成长,也会导致孩子忽视对自身精神世界的省察。三是家校德育难配合。从高校本身特点出发,高校师范生来自五湖四海,家长地域松散,难以形成合力;从家庭出发,家长与学校在德育方面存在教育观念、方式、内容和环境上的差异。大学时期相对于中小学时期,家长与学生之间在心理、地域等方面都产生了较大的距离,家长对孩子的监督管理作用也被削弱。同时,在德育地位和观念方面,学校与家庭的教育无法形成共识,家庭和学校的德育培养存在不匹配性、不一致性,以致于高校师范生价值观取向不定,影响了家庭教育和学校教育的效果。

第一章 学校层面的实效路径

(一)德育的师资体系建设

百年大计,教育是为根本;教育大计,教师是为根本。组建一支具有德育意识和德育能力的德育工作队伍意义重大,德育的师资力量也需紧跟时代发展不断增强,第一课堂教师、第二课堂教师、院校管理层人员等要形成合力,完善高校德育师资体系,使具备多学科背景的教学团队和教学管理服务人员同心同向、同力同行,成为推进德育工作的巨大动力。

1. 第一课堂教师

(1)思政理论课教师

思政理论课教师是德育工作队伍的核心力量。目前部分思政理论课教师不及时更新知识,导致专业能力无法满足学生的需求,还有部分教师存在个人道德缺陷或教学方法老旧、古板等问题。当然,我们也发现有些教师具有较强的创新能力,如采用"线上+线下"双模式教学,提高教学效果。作为思政理论课教师,应在专业能力、道德实践、教学方法等方面提高德育素养和能力。

第一,提高专业能力。思政理论课教师应深入学习马克思主义和以马克思主义为指导的具有中国特色的哲学社会科学,加深思想认同,提高专业素养和专业能力。课堂中,与学生进行思维碰撞;课堂外,要通过多渠道学习汲取新的理论知识。无论课上还是课后,作为德育教学中坚力量的思政理论课教师,专业知识都应得到夯实。

第二,进行道德实践。思政理论课教师要成为"立德树人"的典范,将中华传统美德内化于心、外化于行,这一点对所有教师都适用。教师的道德素质和能力水平直接影响自身的行为习惯,更会通过课堂教学、日常交往、课后沟通等途径潜移默化地影响学生的行为方式和道德素养。学高为师,身正为范。教师要做好德育方面的自我管理与监督,成为学生们的榜样和典范。

第三,改善教学方法。思政理论课教师要推进课程内容时事化、课程载体时代化、课程形式多样化。思政理论课教师要关注时事热点,将学生真正关心的热点问题纳入课堂教学,增强课程趣味性。同时,身处互联网时代,思政课教学也应与新媒体深度融合,运用漫画、动画等多种载体使理论知识由"高大上"转为"接地气",以学生喜闻乐见的方式潜移默化地进行正确的价值引领。思政理论课教师可以利用"慕课""学习强国"等线上课程资源,使思政知识的传递更加持久和高效。在线下教学中,通过小组协作、课堂展示、教师辅导等多种课堂形式充分发挥教师和学生"双主体"作用,让德育教育更富有感染力。

(2)师范专业课教师

师范专业课教师承担着培育人类灵魂工程师的重任,师范生的思想道德水平又预示着未来教师队伍的整体质量,影响着社会主义接班人的价值观念和思想政治素养。所以,师范专业课教师在德育工作中要起带头引领作用。《教育部关于印发〈高等学校课程思政建设指导纲要〉的通知》明确要求:"要深入梳理专业课教学内容,结合不同课程特点、思维方法和价值理念,深入挖掘课程思政元素。"①不同于思政课程,"课程思政"是一种新型教育方式和教育理念,旨在将思想政治教育以润物细无声的方式融入各专业课程。师范专业课教师不仅要教授好师范专业知识,还要进行德育思政教育,更要打造具有"师范专业特色"的德育思政课程。具体来说,师范专业课教师应通过课程思政、实践课程、个性教育等开展德育工作。

第一,充分重视课程思政。课程思政是思政课程的重要补充,两者具有协同作用,能起到"1+1>2"的理想效果。基于此,一方面,师范专业课教师

①　中华人民共和国教育部.教育部关于印发〈高等学校课程思政建设指导纲要〉的通知[EB/OL].https://baijiahao.baidu.com/s? id=1668642595986598834855&wfr=spider&for=pc,2020-06-05.

应当深入挖掘专业知识本身具有的价值精华,通过教学语言和教学技巧直观传递给学生,充分发挥专业知识本身具有的育人功能。另一方面,教师可以在传授专业知识的基础上增加思想政治教育内容,结合专业知识特点,有针对性地穿插进行道德教育,使师范专业知识与思想政治教育有机融合,发挥价值引领作用。

第二,充分重视实践课程。师范专业课一般包括教育理论课程、教师技能类、实践类课程等。除了理论教学,师范专业课教师应当重视教师实践类课程的德育作用,在实际动手操作过程中将实践过程内化为人生感悟,这样形成的价值引领更加深刻而持久。例如,在师范生见习和实习的过程中,通过体验写教案、备课、磨课的艰辛过程,让师范生体会到教师职业的伟大,而当师范生上台授课后获得学生、家长、学校的正向反馈时,他们又会对教师职业产生成就感、自豪感和认同感。

第三,充分重视个性教育。部分师范专业课教师将思政教育边缘化,或者面对不同的学生采取完全相同的教学方法和教学内容,使授课效果大打折扣。师范专业课教师在开展德育工作时不能"同质化",要根据不同专业、不同年级制订不同的思政教育计划,同时不能偏离德育的基本目标和核心内涵,做到"普遍性"和"特殊性"的统一。例如,针对大四学生,应该着重进行职业道德方面的思政教育,帮助师范生适应从"学生"到"教师"的角色转变。

(3)校外高层次导师

2016 年发布的《教育部关于加强师范生教育实践的意见》要求:"构建全方位的教育实践内容体系;丰富创新教育实践形式;组织开展规范化的教育实习;全面推行教育实践的'双导师制';完善多方参与的教育实践考核评价体系;协同建设长期稳定的教育实践基地;建立健全指导教师激励机制。"[①]有的学者指出"双导师制"的核心是大学生的课程由两名导师进行教学,其一为高校内具有相应专业背景的教师,其二为校外具备实践工作经验的业务骨干,所选择的教师不一定是体制内的教师,也可以是社会上的技术精英。校外高层次导师实践经验丰富,能够教授给师范生更具实用性的教学手段和教学方法。

---

① 中华人民共和国教育部. 教育部关于加强师范生教育实践的意见(教师〔2016〕2 号)[EB/OL]. http://www.moe.gov.cn/srcsite/A10/s7011/201604/t20160407_237042.html, 2016-03-21.

校外高层次导师可从校内课程和校外实践两个方面集中进行德育工作。校外高层次导师走进"校内",可通过讲座、报告、走访等形式拉近与师范生的距离,还可通过"教育著作读书沙龙"等形式与师范生进行深度交流。在一次次沟通与反馈中,校外高层次导师将德育教育潜移默化地贯穿其中,既做到专业知识的指导,又达到思想教育的目的。同时,校外高层次导师是师范生实践过程的见证者。实践道路必定是曲折的,校外高层次导师应多鼓励师范生,分享自己的心得和理解,帮助师范生提升沟通协调、班级管理、人际交往等能力。

校外高层次导师应遵守高校的管理制度和激励制度。当前高校中的校外高层次导师存在工作态度散漫、工作内容随意、工作能力有限等问题,这与其未遵守高校的管理制度和激励制度关系密切。若能正确看待管理制度的约束,校外导师就能端正教学态度,精心准备教学内容,在规则约束中逐渐形成良好的教学习惯,合理利用激励制度的福利,增加其教学热情,激发其教学潜力,使其更有动力去从事传道授业的工作任务。

2. 第二课堂教师

(1)师范班班主任

大学阶段的教学目标主要是加强对学生的专业化教学,在提高学生学习能力的同时,也要注重培养学生正确的价值观,提高学生的综合素质水平,为社会的快速发展提供人才支持。[①] 班主任是学生在校期间学习和生活的组织者和引路人,是班级管理和育人工作的开展者和领导者。作为与学生直接接触最多的教师,班主任进行德育工作的意义重大。

学生进入大学后,与父母的联系因独立的愿望、隔辈的代沟等逐渐减少,加上部分班主任忽视对学生家庭情况的了解和与家长的沟通,导致"家校隔绝"的情况时有发生。除此之外,一些班主任在进行德育教育时没有结合专业特点和学生个性特征,导致德育效果并不理想。师范班班主任要正视这些问题,并从家庭情况的了解、职业道德教育、个人性格塑造、班级文化凝练等方面解决这些问题。

第一,班主任要注重师范生家校互动。对于家境优越、经济情况良好的学生,应当注重引导学生免遭拜金主义、享乐主义的影响;对于家境困窘、经济情况较差的学生,应当注重引导学生战胜逆境,将生活上的艰难困苦转化

---

① 刘晓玲.高等师范院校班主任工作策略研究[J].当代教研论丛,2016(10).

为对知识的渴望和远大的理想抱负。班主任要勤于与家长沟通联系,充分发挥家校沟通的桥梁作用,善于发现家庭因素带给学生们的正面影响,将优良家风延续到学生的学习和生活中,借助家庭美德完成个人品德建设。

第二,班主任要注重师范生师德培养。师范班班主任不同于普通班主任,管理的是一群有着教师职业理想的师范生。师范生有着较为清晰的职业定位,在这种情况下,班主任需要让师范生明晰"什么是好老师,怎样成为好老师",加强职业道德方面的教育。除了以身作则以达到德育目标的方法外,班主任还可以组建班干部团队,让学生们积极参与班级管理,培养学生的责任意识,使师范生提前适应"教师"角色。

第三,班主任要注重师范生个性发展。班主任可以借助班级活动跟学生进行深度沟通与交流,还可以通过班干部了解学生具体情况,与学生形成亦师亦友的关系。只有熟悉掌握学生的个性,才可以有计划、有目的地发挥学生的个性优势,扬长避短。个性培育的核心是培养学生的创新精神。就师范生来说,班主任在日常生活和学习中应着重培养学生的发散思维和直觉思维,鼓励学生进行教学技能和教学模式的创新。

第四,班主任要发挥班风的育人作用。环境对人的影响是巨大的,因此班风建设就显得尤为重要。良好的班风有助于学生自觉进行道德的自我教化,起到"美育"的作用。班主任可通过班会将国家政策、时代楷模事迹渗透其中,既进行思想熏陶,又传达班风的积极导向。此外,班主任在选拔班干部时,应将民主制度贯彻到底,让"自由、平等、公正"成为班风的重要组成部分,借此弘扬社会主义核心价值观。

(2)师范生辅导员

大学是青年形成世界观、人生观、价值观的重要时期,辅导员是进行大学生德育工作和思想政治教育的重要成员。教育部出台的《普通高等学校辅导员队伍建设规定》(教育部令第 43 号)总结出辅导员的五大职责,即思想理论教育和价值引领,党团、班级和学风建设,学生日常事务管理与心理健康咨询和教育,网络思想政治教育与校园危机事件应对,职业规划与理论实践研究。[①] 思想理论教育和价值引领是五大职责的首要任务,所以辅导员要切实肩负起责任,做好大学生的德育工作。

---

① 中华人民共和国教育部. 普通高等学校辅导员队伍建设规定(教育部令第 43 号)[EB/OL]. http://www.moe.gov.cn/srcsite/A02/s5911/moe_621/201709/t20170929_315781.html,2017-09-29.

在科技飞速发展的当代社会,大学生接收的信息更新速度极快,信息展现的平台多样,师范生辅导员也应与时俱进,拓宽德育渠道,用好各类新媒体平台开展德育工作。此外,校园文化也可作为德育的重要载体,如一些辅导员以校训为载体,将它融入党建团日活动和班级学风建设当中,引领学生传播正能量。还有一些辅导员充分利用心理辅导渠道进行德育工作,在开展心理咨询时根据不同阶段的学生采取专门措施,向咨询的学生传授自己的人生经验和解决方法,这样"双向"互动的过程能更加有效地将科学的世界观、人生观、价值观传达至学生心中。

第一,在实践活动中开展德育。"纸上得来终觉浅",而实践活动带来的是更为深刻的记忆,激发的是师范生"向善向德"的内生动力,影响更为久远。辅导员可以开展多样的实践活动,提高学生的道德实践能力。比如举办教学知识竞赛和教学技能训练,可以让师范生明白人无完人,自己还有很大的提升空间,使学无止境的价值观念深入人心。还可以举办阳光晨读活动,提高学生的自觉性,促进自律品质的养成。

第二,在课堂教学中开展德育。师范生辅导员在进行职业规划和心理健康的课堂教学中,可以将贴近学生生活实际的案例融入其中,进行榜样教育。学生对身边的或是同龄的事例的距离感更小,兴趣值也更高,通过这些案例,能让学生发现身边的"四有好老师",见贤思齐,进而转化为对真善美的追求。

第三,在多样化平台中开展德育。基于数字化社会背景,辅导员可充分利用微博、微信、贴吧等网络平台了解当代大学生的思想状态、态度观点、情感状态等。了解大学生的所思所想才能有针对性地开展思想政治教育,这也对辅导员的创新能力和解决实际问题能力提出新要求。辅导员还要利用好新媒体平台开展德育,在师范生常用的 QQ、微信、微博等平台主动发声,实现正确的价值引领。

(3)校内社团导师

当今教育提倡全员育人。全员育人就是指教书育人、管理育人、服务育人,这也要求每位教师都需要具备育人的意识和能力。社团导师制很好地满足了这个需求。所谓社团导师制,是指专业教师接受社团聘用,在给予社团专业指导和参与社团活动管理的同时,与所指导的社团成员之间建立联系,并对其进行思想政治教育的制度。① 由此可见,社团导师制是开展德育工作的重要渠道,校内社团导师是进行德育教育的重要力量。

高中时期,由于学业压力大,学生很少参与班级管理和创新活动,导致当代大学生管理能力和创新能力普遍低下,而高校内的部分社团导师自身的管理和创新能力也存在缺陷,因此需要借助社团平台采取措施提高二者的管理能力和创新能力。

第一,校内社团导师应增强管理能力。校内社团导师应充分发挥专业技能优势,在自身专业的指导下围绕具体社团特点开展富有特色的社团活动。例如,针对师范生的职业需求,可开展有关师范技能的社团活动,使其在交流中进步、在互助中成长。当然,这些社团活动需要包含思想政治教育内容,以社会主义核心价值观为思想引领,以社会主义性质的社团文化为发展底线。

第二,校内社团导师应增强创新能力。社团基于学生共同的兴趣爱好而存在,社团成员因某种文化认同而加入社团。校内社团导师应通过交流互动、发放问卷等形式充分发掘社团成员的兴趣爱好和特长强项,并举办丰富的社团活动,提高学生的自主能力,开拓学生的视野,挖掘学生的潜力,培养具有创新创造精神的时代新人。与此同时,校内社团导师也需审视自己的兴趣爱好,提高相关的技术能力,为学生提供更为专业的指导。

3. 院校管理层

(1)学校管理层

学校管理层是学校整体德育建设的指挥者和监督者,然而目前高校德育建设还存在德育教学内容片面化、教学形式单一化、教学方向缺乏人文关怀等问题,学校管理层需要正视这些客观存在的问题,采取有效措施,破除当下德育工作困境。学校管理层可从生态德育、人文德育、制度德育方面探寻德育建设的实效路径。

第一,借助生态文明进行德育工作。生态德育是指将学校的生态文明与德育建设有机结合起来。学校的生态主要是校内的物质建筑景观,包括教学楼、校史馆、雕塑、校训石碑、图书馆等文化载体。学校管理层应充分考虑到这些建筑的观赏性和文化性,一方面可以形成良性的文化氛围和人文

---

① 夏建国,邓丹萍. 社团导师制的实效性研究——从高校思想政治教育工作载体创新视角进行探析[J]. 思想理论教育,2007(7).

气息,让学生漫步在校园内也能陶冶情操,另一方面可以向外界展示学校的历史传统和文化底蕴,在增强学生自豪感的同时吸引更多的学子成为学校的一员。

第二,借助校史文化进行德育工作。高校校史文化是指高校自建立以来,在其发展历程中逐渐形成的具有独特性与传承性的历史文化体系,是对一所高校历史沿革的真实记录,承载着高校的办学理念与办学方针,彰显着高校的风貌和底蕴。① 校史传承学校的历史和文化,吸纳国家和民族发展中蕴含的价值观念,既具有时代性,又富有自身特色,可以作为重要的育人资源。例如校训、校歌、校徽,不仅体现了高校的特色文化和师生精神风貌,也在潜移默化地影响着师生的思想观念。此外,学校管理层可以组织开展以德育为主题的实践活动,例如中华经典诵读、红色故事宣讲等,将德育理论知识和实践活动结合起来,将中华优秀传统文化和实践活动结合起来,让学生在耳濡目染中学习中华民族主流文化。

第三,借助制度建设进行德育工作。高校要制定完善的德育工作安排细则,其中包括以思想政治课为主的课程建设和以思政理论课教师为主的教师团队建设。学校管理层要制定合适的教师选聘制度,建立一支包含专业教师、思政教师、社团导师、校外导师、辅导员、班主任等多主体在内的德育团队。同时也要完善教师考评制度,把德育工作成效纳入教师评价,激励教师进行德育教育。在这一团队中,学校管理层要充分发挥统领作用,将德育工作作为学校工作体系的重点。课程建设作为德育体系建设的主体部分,其作用也不容忽视。学校要加强课程建设,设置相应课程,融合中华优秀传统文化和马克思主义,通过多样的教学形式营造积极的文化传播氛围。

(2)学院管理层

随着时代的发展,"00后"群体逐渐成为大学生的主力军,德育的对象逐代更替,德育工作也需及时更新,所以,德育工作不是老生常谈,而是常说常新。高校的二级学院要充分认识到德育建设的重要性,聚焦师生具体需求,将思想政治教育与师生的日常生活联系起来,使德育工作落细、落小、落实,筑牢学校德育工程的坚实基础。

第一,紧跟当今时代潮流,创新德育传播载体。在新冠肺炎疫情的影响下,网上授课的教育方式盛行,在线教育飞速发展,网络科技在育人全局中

---

① 李鑫,许静波.高校校史文化融入大学生德育路径探析[J].边疆经济与文化,2021(11).

发挥着重要的作用。新媒体契合大学生碎片化阅读的习惯,是当今大学生获取信息的主要来源。二级学院应充分利用这种新型载体,借助微信公众号、微博、易班等平台传播正确的思想道德观念。在这些平台的内容建设上,二级学院要紧跟时事热点,输送榜样文化,结合学院的专业特点,使德育内容具有时代性和针对性,更加深入人心。

第二,贯彻学校德育政策,反馈具体实施情况。各二级学院要深入学习学校在德育方面的顶层设计,在贯彻落实学校德育政策的同时也要结合自身学院特色,进行院风、教风、学风建设。作为面向师范生的二级学院,其专业特点鲜明,主要倡导的是师德方面的德育建设。基于这样的教学目标,二级学院在组建教师团队和进行课程体系设置时应具有目的性,将专业知识和思想政治教育巧妙结合起来。同时,二级学院作为联结学校和师生的纽带,应及时向学校反馈德育工作的实施情况,反馈学生和老师的意见和建议,便于学校及时调整或精进相关德育政策。

第三,增加学院文化活动,深化思想政治教育。二级学院要开展具有自身学院特点和价值引领作用的文化活动,使社会主义核心价值观深入人心。师范生通过自身专业学习,语言表达能力得到提升。二级学院可组织师范生德育宣讲队伍,借助师范生的语言表达艺术向非师范生输出德育知识,宣讲过程既传播了思想政治知识和道德理论知识,又加深了师范生对相关知识的理解,真正做到学以致用。

第四,加强学院队伍建设,提升德育工作能力。二级学院要充分发挥党建引领作用,落实党委主体责任。党委首先要在内部召开思想教育工作会议,其次要制定好学院德育工作规划表、路线图,领导各团支部落实相关工作。党委还要加强师范生干部队伍建设,通过院学生会进行德育工作,发挥学生干部的带头模范作用,以点带面地落实相关责任,达到通过师范生的主观能动性进行思想政治自我教育的效果。

(3)系所管理层

随着社会的发展,我国不断加强和改进大学思想政治教育工作,提出"三全育人"理念,即"全过程育人、全员育人、全方位育人"。"全员育人"从实施者的角度出发,注重人人都参与到思政教育中,并且在育人的本职工作中挖掘育人元素,对学生进行思想价值的引领。这其中不仅包含了高校的党政干部、各专业的专职教师、辅导员以及班主任,而且还包含了各种职能部门、教务人员以及后勤人员等等。① 系所管理层也属于"全员育人"的成员之一,系所管理层主要是系部主任、教务办、学工办、研究所等,面向师生发挥德育作用。

第一,要严格落实师范生德育各项要求。系所管理层要学习研究学校和二级学院下达的德育工作任务,并在具体课程设置和活动安排上严格贯彻落实相关工作。在具体实施过程中,系所可将实践情况和出现的问题反馈给学校和二级学院,也可将师生的意见和建议传达给学校和二级学院,形成管理体系信息双向流动局面。例如,系所要贯彻落实上级政策,组织师生学习;出台相应的政策,保障师范生德育;完善反馈监督机制,对违反师德的行为进行查处。

第二,要创新管理育人的体制机制。系所要搭建师范生锻炼实践平台,将师范生输送至中小学进行实践。师范生在中小学实践教学中进行自我德育教育,同时中小学将实习情况反馈给学校系部,系部根据具体情况有条理地开展相关思想政治教育活动,促进师范生实践感悟的进一步深化。除此之外,系所还可以采取导师带领师范生进行团队建设,落实学生值班制度,让师范生参与决策等举措。

第三,要提高服务育人的能力水平。系部管理层在进行德育建设的过程中,要注重以人为本,以学生为主。一是系所要优化管理流程,方便学生办事。例如,系所管理层可以简化开展德育活动的流程,提高活动审批的效率,让学生能够参与更加丰富的德育实践活动。二是系所要提供优质服务,感化学生心灵。例如,系所管理层可以完善学生外出保障制度,提供学生校外德育经费,在确保学生安全的情况下有序开展校外德育实践活动。

(二)德育的课程体系建设

提到德育的课程,大多数人首先想到的是思政类课程。思政类课程是传统德育教学模式的主要形式。在当今课程思政的背景下,传统德育教学模式相对单一,需要教育工作者探索和创新更丰富的模式。课程思政是指现代教育系统当中通过多学科课程教育协同构建起与思想政治理论课程共同发挥协同效应的教育体系,是以立德树人作为教学目标的一种全新的教

① 余扬.试论高职院校"三全育人"体系的构建[J].公关世界,2022(1).

学理念。① 在这种理念的指导下,思政类课程内容开始向专业类课程和拓展类课程渗透,通过多学科协同育人,打通德育教育的纵向衔接和横向壁垒,最终形成德育的课程体系。

1.思政类课程

(1)思政理论课

在德育课程体系建设中,思政类课程是关键,而思政理论课又是思政类课程的主体部分。现在的思政理论课存在着课程内容枯燥、课程呈现方式单一、课程主题浮于表面等问题。同时,当今社会文化呈现多样性特点,对主流观念造成较大冲击,信息化进程颠覆传统教学模式,便捷化信息获取挑战教师权威,思政理论课亟须改革。

党和国家高度重视思政理论课建设,出台了一系政策和举措。增强思想政治教育的亲和力和针对性,可从党的领导、教师队伍、课程方式、课程内容入手,有关教师队伍建设前文已经阐释,这里不多赘述,下面着重论述其他几个方面。

第一,要坚持党的领导。坚持党的领导,是办好中国特色社会主义教育的本质要求,也是办好思政理论课的根本保证。思政理论课改革涉及领域广泛,需要一个强有力的领导力量把控全局。中国共产党作为中国特色社会主义事业领导核心,对思政课改革起到重要的导向作用。思政理论课需要宣传的是党的意识形态、路线、方针、政策,体现党的意志和国家意志。各级党委也要充分融入思政课程,为国家培养担当民族复兴大任的时代新人。

第二,要深化教材体系改革和课程方式改革。相关机构要及时更新教材内容,融入时事热点和典型案例,使思政教材具有时代性。同时强化问题导向,使学生的思维由"是什么"向"为什么""怎么办"延伸。在课堂呈现方式上,可以让学生走上讲台讲德育。对于师范生来说,由"接受"到"传授"的过程是一个质的飞跃。这种做法不仅让师范生将思想政治知识内化于心,还为其以后的课堂打下坚实基础。不只是学生,先进典型、道德模范、抗疫先进个人都可以被邀请到讲台上讲述亲身经历,用真实叙述打动倾听者。

第三,要创新课程内容建设。思政理论课中,理论知识占主要部分,如果课程内容止步于此,难免会让学生产生无聊、乏味的感受,导致课程知识

---

① 邹洪杰.课程思政背景下高校美育与思政课协同育人的路径探究[J].大学,2021(44).

传授效果大打折扣。在课程内容建设上,要注重模块化、逻辑性、关联性和权威性,运用动画、漫画等新颖形式将红色文化、中华优秀传统文化、四史等内容巧妙融入思政课堂,涵养师范生的家国情怀、传道情怀、仁爱情怀,拓展师范生的知识视野、国际视野、历史视野。

(2)思政实践课

思政实践课是思政类课程的重要组成部分,是增强德育教育实效性的重要途径。高校开展思政实践课符合马克思主义实践观和新时代中国特色社会主义青年观及实践观。巩固并发展思政实践课有利于思想政治教育符合实践规律,有利于实现人的本质属性,有利于提升思政课实效性,有利于师范生体悟马克思主义价值观。高校思政实践课应以思政理论为核心,完善保障体系,开展丰富多彩的校内校外实践活动,借助网络课程进行自主实践。

第一,用保障体系保障思政实践课。当前高校不够重视思政实践课,导致相关的保障体系不够完善全面。完善的保障体系可以明确实践时间、实践地点、实践人员、实践对象、实践经费,特别是能保障师生的安全,最大限度地确保思政实践课的有效开展。高校可以成立思政实践课指导机构,将思政实践课管理纳入教学日常管理体系中,将该课程列入师范生人才培养的教学计划之中。

第二,用校内实践丰富思政实践课。思政实践课应结合师范生兴趣爱好和专业需求,充分挖掘并利用校内实践资源开展实践活动。教师可以借助学生社团进行思政实践课教学,鼓励师范生积极参与社团活动,从中得出思政感悟,以小论文的形式上交相关教师,反馈实践情况。学校可以组织一些与思想政治教育相关的校园文化活动,比如观看爱国主义电影,增强学生爱国主义情怀。学生还可以参与一些校园比赛,例如创新创业大赛、学科竞赛、教师技能竞赛,寓教于乐,开阔视野,陶冶情操。

第三,用校外实践丰富思政实践课。在校外实践方面,还应积极挖掘校外优质实践资源。相关负责人应与校外实践基地联系,与基地形成稳定合作关系,组织师范生进入博物馆、文化馆、伟人故居、烈士陵园进行学习研究,培育其家国情怀,坚定其理想信念。校外实践活动是校内实践活动的延伸和拓展,旨在引导师范生认识社会、了解国情。校外社会实践活动主要有三种:一是社会服务活动;二是社会调研活动;三是素质拓展活动。无论参加哪种活动,师范生都能了解国家发展情况,从而提高自身的社会责任意识。

　　第四,用自主实践丰富思政实践课。如今受新冠肺炎疫情影响,网络教学方式盛行。网络课程具有共享性、开放性、交互性、自主性等特点,不失为开展思政实践课的一种有效方式。从某种意义上说,自主实践也属于实践教学的范畴。例如,可以在"学习通"等平台观看核心素养课程,撰写心得体会上交教师。师范生还可以主动参加社区防疫志愿活动和乡村振兴大赛等活动,从中获取独特的感悟。

　　(3)思政选修课

　　思政选修课是思政必修课的有益延伸和有效拓展,在课程组织和内容设计方面有较高的自由度。新时代推动思政课程改革创新的一个重要举措是在保持思政必修课稳定的基础上,"构建形成必修课加选修课的课程体系"[①]。作为高校德育的重要途径,思政选修课必须以立德树人为根本遵循,顺应思想政治教育的内部逻辑思路。思政选修课要在正确价值观念的指导下,着力于课程的守正创新、教师的主体建设和课程体系的完善等方面的改善。

　　第一,思政选修课要坚持教学内容的守正创新。"守正"就是要坚持正确的政治立场,进行正确的价值引领。思政选修课应具有政治性和理论性,在传授党的方针和国家政策时必须旗帜鲜明,注重权威性和严谨性。"创新"就是要在遵守思政规律的基础上,立足高校自身实际,进行富有专业特色的课程改革。思政选修课也应具有趣味性和创造性,以学生需求为导向,聚焦学生个体,推出个性化思政教育。在师范生思政选修课构建的过程中,应打造一批凝聚职业特色的课程,将专业课程元素融入思政教育之中。

　　第二,思政选修课要充分发挥教师的主导作用。教师是教学内容的创造者、教学方法的实施者、教学关系的把控者,理应发挥其主导作用。思政选修课题材广泛,需要教师进行有目的的选择,然后进行主观性加工,形成独具个人魅力的课程内容。一方面,理念是行动的先行,先进的教学方法由教师学习并运用于课堂。教师应对教学方法进行主导性制定、主导性推行、主导性改革;另一方面,师生的平等交流并不是毫无原则的,良好的师生关系有利于课堂教学,这需要教师的正确主导。

　　第三,思政选修课要完善课程体系。尽管思政类课程选修制度已大范围实行,但仍然存在诸多问题,例如监督不到位、课程开设随意、人多课程

　　① 中办、国发印发.关于深化新时代学校思想政治理论课改革创新的若干意见[N].光明日报,2019-08-15(1).

少、教学时间不合理等。因为对选修课重要性的认识程度不够,所以许多学生态度散漫,老师也缺少管理意识。因此学校要对思政选修课进行规范化管理,避免出现对于学生迟到、早退、缺勤等现象,老师睁一只眼闭一只眼的情况。具体来说,学校要健全课程的规章制度,完善教师激励制度,建立长效保障制度,让学生上课遵守课堂纪律,教师上课更有动力,课堂氛围更加和谐。

2. 专业类课程

(1)师德素养课

孔子曰:"与善人居,如入芝兰之室,久而不闻其香,即与之化矣。"[1]这样的道理放到教育层面同样适用,老师是学生接触最多的角色之一,老师的道德品行深刻地影响着学生的心灵和行为,因此高校需要开设师德素养课以培养师范生高尚的道德品行。所谓师德素养是教师基于社会道德准则而确立的教师道德规划和行为准则,并在实践、反思中内化为人格一部分的过程,最终实践于教书育人活动。[2] 当前师范生存在职业认识浅表化、教学态度敷衍、个人修养有缺陷等问题,高校需要开设师德素养课给予教育引导。师德素养课可围绕个人品德、教学品德、知识拓展方面展开。

第一,师德素养课要培养师范生的个人品德。师范生的个人品德,以理想信念、道德情操、仁爱之心为主要内容。理想信念是人生之"钙",师范生只有树立坚定的职业信念,才有可能为国家培养出栋梁之材。师范生的道德情操影响着其未来在教师岗位上的一言一行,影响着学生的道德品质。为人师表,学生才能以之为镜。师范生拥有仁爱之心,才能在未来真正关心、信任、尊重、理解自己的学生,与学生的心灵同频共振。

第二,师德素养课要培养师范生的教学品德。师范生的教学品德,以教学理念和实战能力为主要内容。师德素养课应改善师范生的教学理念,培育师范生人本教育理念、素质教育理念、创新教育理念,紧跟时代对社会主义接班人提出的新要求。师范生也可以在师德素养课上积极展现自己的教学能力,学生之间相互比较、共同成长,在无形间提升了实战能力。

第三,师德素养课要增加师范生的知识储备。师范生的知识拓展,以课外知识、制度学习为主要内容。在师德素养课上,教师可以多拓展与课程相

---

① 摘自《孔子家语·六本》。

② 徐徐,朱华兵."互联网＋"时代青年教师师德素养养成路径[J].中学政治教学参考,2021(11).

关的课外知识,使师范生广泛涉猎多学科内容,拓宽知识储备,意识到自身知识水平的局限,从而激励其终身学习。师德素养课还可以涉及当今国家的重大方针政策、时事热点等内容,为师范生打开国际格局。

(2)师德能力课

2021 年教育部印发《中学教育专业师范生教师职业能力标准(试行)》等五个文件(以下简称《能力标准》),分别明确中学教育、小学教育、学前教育、中等职业教育和特殊教育专业师范生教师职业基本能力,即师德践行能力、教学实践能力、综合育人能力和自主发展能力[①]。教师在教育活动中自觉遵守师德规范,顺利达到师德预期效果,实现"道德地教育"的综合素质,就是师德能力。师德能力的实践结构包括师德认知能力、师德智慧、师德行为能力;师德能力的心理结构包括师德动机、师德特质、师德自我概念、师德知识、师德技能。[②]

任何一种活动的顺利开展,都需要主体具备一定的能力。所以,师德实践活动的顺利进行,也需要师范生掌握相关的师德能力。教师具备师德能力是开展教育活动的内在要求,是提升教师职业能力的需要,是提高德育教育效率的关键。师德能力与德育能力有着密不可分的关系。第一个事实是师德是重要的德育资源,第二个事实是德育过程需要"道德地"开展,因为只有符合道德要求的德育过程才是有效的。[③] 因此,师范生的德育建设离不开师德能力的培养,开展师德能力课的重要性也就不言而喻了。

第一,师德能力课要完善师范生的师德能力实践结构。师德认知能力就是教师对师德知识的获得、理解和掌握的能力。师德能力课需要向师范生传授充足的师德知识,师范生在掌握新的师德知识的基础上,整合已有的师德知识,最终形成对师德知识的整体把握。此外,师德能力课可以组织学生自行进行经典案例的演习,使师范生在教育实践中提升师德智慧,帮助师范生在以后做出正确、果断的师德决策。在课后,师德能力课教师也可以布置相关的小组作业,提高师范生的意志力、自觉性和创新能力。

第二,师德能力课要完善师范生的师德能力心理结构。在师德能力的心理结构方面,师德能力课教师应在课堂中多让师范生思考并讨论自己对

① 中华人民共和国教育部. 中学教育专业师范生教师职业能力标准(试行)[EB/OL].
http://www.moe.gov.cn/srcsite/A10/s6991/202104/t20210412_525943.html,2021-04-06.

② 李雪,林海亮.论师德能力[J].高教探索,2017(7).

③ 陆有铨.用"道德"的方法养成道德[J].当代青年研究,2008(8).

教师这个职业的态度、看法,引导其建立对教师职业正确的价值观念认识。同时,师德能力课教师应与师范生进行深入的沟通与交流,通过言行观察师范生是否具有换位思考、言行一致、细致谨慎等品质,并在以后的教学中进行个性化教育引导。在师范生遇到困难时,师德能力课教师应及时给予鼓励,增强他们的师德动机。

(3)师德实训课

实践是检验真理的唯一标准。中国共产党成立以来的光辉历程、伟大成就和宝贵经验,可以很好地注解中国共产党为什么"能"、马克思主义为什么"行"、中国特色社会主义为什么"好",这些在实践中都有充分的体现。推动师德课程改革创新,要不断增强师德课程的思想性、理论性和亲和力、针对性,其中一条重要的举措是要坚持理论性和实践性相统一。在师德课程中加强实践教学,能促进师范生教育情感的形成,提高师德师能水平,是师范生理论联系实际的重要途径。[①] 要想教师拥有强大的师德践行能力,首先必须培育作为教师职业主要后备军的师范生的师德践行能力,由此我们需要重视高校师德实训课的建设。师德实训课不仅可以是校内课程,也可以走出校门,走进实训基地,带给师范生更真实的职业体验。

第一,校内的师德实训课应以实践为主,理论为辅。在师范生进行模拟教学应对突发情况的过程中,师德实训课教师应将理论课程教学结合到实践教学中,适时向师范生传达师德理论知识,以实训课程为载体开发师德教学活动。例如,师范生通过演讲、朗诵、情景剧等方式传递思政理论知识,教师结合教学内容补充市政要闻,使其获取超越教材的丰富信息,加深对抽象概念的感性认识。除此之外,还可以以师德建设为基础,选择符合专业的实训方式,请专家教师进入课堂进行引领示范,对师范生进行指导教学,进行关怀教育。

第二,师德实训课还可以在校外实训基地展开。在师德实训课中,"实践"的价值可以在校外实训基地得到充分展现。所以,对于师范生的师德培养,应适当将课堂搬到实习实训基地。红色文化景点、博物馆等都可以作为实训基地,教师带领学生们参观这些地点,还可以要求他们完成实践报告书或者绘画视频制作。教师在实训基地的课堂中可以引用学校真实案例作为教学辅助材料,采用开放式课堂,充分发挥师范生的主观能动性,鼓励其主

---

① 李华.师范生师德课程中加强实践教学的路径探索[J].文化创新比较研究,2019,3(7).

动探索、实践,最后转化为行为准则,促使师范生将师德规范、师德知识转换为情感和技能。

3. 拓展类课程

(1)德育+双减

教育要落实"立德育人"根本任务,培育德、智、体、美、劳全面发展的社会主义建设者和接班人。然而,各单位和各级教师并不认为德育渗透是高等教育的一个重要方面。由于思想道德教育课程设置过于僵化,与师范生的学习生活脱节,现有的"德育"形式难以更好地渗透到师范生的德育中。随着"双减"政策的颁布,为师范生未来就业、德育途径的拓展和德育能力的锻炼提供了新的思路,为学生正常德育的渗透和改革带来了前所未有的机遇。

第一,参与中小学课后托管。"双减"政策实施后,大部分公办中小学在周一至周五都要开展课后托管服务,托管的结束时间不得早于家长的正常下班时间。这项规定虽然给学生家长减轻了接送的压力,但给中小学教育管理带来了新的问题。课后托管服务的开设,使不少中小学都面临着教学管理资源紧缺的困难,如缺乏课后托管的管理老师、缺乏用于课后托管的素质拓展类课程资源等。① 部分中小学探索引入校外培训机构资源,用于补充课后托管资源,但是校外培训机构的师资力量参差不齐,不仅给家长带来了更加沉重的经济负担,而且教学质量也不能得到保证。在中小学师资不能够迅速补充的现实情况下,高校师范生如果能够参与中小学课后托管,不仅解决了中小学师资短缺的困难,也为师范生提供了良好的德育平台。根据各学段学生成长需求和学校自身办学特色,师范生可以分年级、分层次、分学段准备多种多样的课后托管服务课程,如开设党史教育、红色文化、手工劳技、非遗传承、绘本阅读等课程,减轻中小学教师教学压力,开展丰富的素质拓展类活动,提升学校课后服务质量。在实施过程中,高校组织者需要注意师范生拟开设课程的把关,确保正确的政治方向和适合的教学内容,适当提高德育、体育、美育课程和活动的占比。参与服务的中小学尽量在高校附近,确保师范生通勤安全。要与合作的中小学做好充分的前期沟通,在服务时间、中小学配合管理的教师、经费补贴等方面做好安排,实现师范生参与课后托管的可持续性。

---

① 王凯.树立新质量观做好暑期托管班服务[J].甘肃教育,2021(14).

第二,开展普惠教育志愿服务活动。"双减"的另一方面影响就是减轻了学生的校外培训负担,"双减"政策要求"学科类校外培训机构不得占用国家法定节假日、休息日及寒暑假期组织学科类培训",因此周末及各类假期就"还给了"中小学生,但如何更合理、更有效安排各类假期,对学校、家庭来说都是一个难题。高校师范生在参与中小学假期活动方面也可以大有作为,一方面,高校师范生的知识和能力结构具有多样性,可以提供涵盖科学、历史、文学、艺术、信息技术等各个领域的课外知识拓展课程,也可以组织各种类型的第二课堂、社会调研、志愿活动、文体活动等,不断丰富中小学生的假期生活,提高中小学生综合素质,同时高校师范生在组织各类活动过程中也能得到品德锤炼和能力锻炼。另一方面,高校师范生要积极走进山区,走进农村,努力将先进的理念、知识带到欠发达地区,高校应秉持教育的普惠性原则,将开展贫困地区支教、学生假期社会实践纳入教学培养计划,制订专门的普惠教育实施方案,将学生参与普惠教育作为学生德育的重要组成部分,让广大师范生在支教奉献中树立崇高的职业理想和职业道德。[1]

第三,实施全生命周期德育一体化行动。当前中小学德育的一个重大缺陷是缺少连续性,即德育往往是间断的、偶发的、随机的,因此德育也往往成为"走过场"或"运动式"的形式主义,无法在学生内心形成持续性影响,这也是许多学生在高考结束进入大学后缺乏适应能力、沉迷网络游戏、对社会缺乏关怀的原因之一。"双减"提出要"负担做减法、德育做加法",就必须破解当前德育的非连续性问题,围绕学生从中小学到大学的教育全生命周期开展一体化德育培养,根据不同阶段的性格特征、心理能力、现实需求以及长期培养、久久为功的需要,设置更具系统性、连续性、全面性的德育体系。[2]全生命周期德育一体化行动可以从师范高校开始试点实施,因为师范生本身就面临在未来职业中开展一体化德育的需求。全生命周期德育一体化并非高校与中小学简单的合作,而是全方位的资源共享、课程共建、活动共办,试点的师范高校要全面开放校内体育健身场所、图书馆、实验室等基础设施,帮助中小学设计各类课程尤其是德育课程,有条件的试点高校和中小学可以探索建立德育预科制度,帮助中小学生尤其是高中生提前了解并适应大学生活,在开展德育一体化的高校与中小学之间探索多样化人才选拔路

① 郑永江,陈志菲.高校师范生"顶岗支教—置换培训"模式探析[J].高教探索,2012(1).

② 冯建军.德育一体化建设的理据、内涵与纬度[J].中国德育,2021(23).

径,让"双减"政策落地与人才选拔并行不悖。

(2)德育+数字化

利用互联网和数字化新载体,丰富德育的手段,创新德育的形式。数字化的运用优化和调整了学习活动,有利于深入开发个性化数字项目课程。教育工作者可以借助智慧校园新型基础设施,推动校园的数字化进程,改造优化德育课程。

第一,运用数字化的德育手段。德育者须主动适应网络的发展要求,充分利用网络的优势,增加育人的手段。在互联网飞速发展的背景下,网络育人必然成为教育的重要途径,由此,为适应网络化这一新趋势,网络德育应运而生。马克思认为,文化是社会和历史的现象,随时代变化而变化。数字化资源的当代运用,应力求适应时代新变化、解决时代新问题,否则其意义就大打折扣。如何创新方式和手段,实现数字化教育与德育的融合发展,是数字化德育建设的重点内容。加强网络平台建设,实施"互联网+"行动计划,建设一流的网络空间安全学院。学校要大力加强网络阵地建设,积极将各种文明、健康的信息汇入网络,使网络成为传播和弘扬社会主义先进文化和核心价值观的主阵地、示范区和辐射源,要实施"绿网工程",发挥网络育人的正向作用。

第二,建立智能的数字化校园。运用新兴智能技术真正实现对学生的因材施教,如设计数字化名片,通过5G与全息技术的融合,打造新型智慧立体教学空间,创设强交互形态的课后服务教学场器,提高信息技术核心素养,引进数字化测试普通话设备,录制教学微课,通过对一些音视频文本等媒体资源进行自然语言分析,利用数字化工具创造性解决问题。相应的教学模式也要进行深刻变革,才能适应数字化时代的要求,建立依托于互联网信息技术的数字化校园系统,深度学习技术,从复杂的内容数据中获取有效的特征,建立资源特征,提供更高质量的服务。智能时代学生的个性特征和学习需求各不相同,与之对应的学习目标、内容、进度和方式也不尽相同。传统学校的课堂教学以班级为单位,受师资力量有限、技术水平不高、教育资源缺乏等因素的制约,很难做到有针对性的教学,可以借助信息网络新型基础设施,充分利用国家公共通信资源,提升学校网络质量,为智慧教学服务。

第三,优化德育数字资源。教育新基建致力于建立教育大资源服务机制,其核心是应用信息网络促进学校、企业和社会机构等多主体优质资源的汇聚供给,为师范生提供高质量的教学服务。借助企业和社会机构的优质服务,让教育主阵地回归学校,可以从以下几个方面入手。一是丰富学校课程和学习资源,实现资源的动态标注,促进课程质量的提升。二是借助智能推荐引擎,为师生提供资源智能化推荐服务,促进各类优质资源与学校课程的融合应用。丰富学校课后服务内容,促进育人活动的创新开设,在开展课后服务时,学校可以和校外培训机构、博物馆、科技馆、高校实验基地等合作,广泛开展超交互体验的教学活动,让课后服务更具体验感。三是优化数字化资源智能推荐,提高德育数字资源推荐效率和针对性,推动学生课后作业质量实现从量变到质变的飞跃。

（3）德育＋共同富裕

共同富裕是社会主义的本质要求,是中国式现代化的重要特征,是全体人民通过辛勤劳动和相互帮助最终达到丰衣足食的生活水平,是在消除两极分化和贫穷基础上的普遍富裕。共同富裕包含着生产力与生产关系两方面的特质,从质的规定性上确定了共同富裕的社会理想地位,使之成为社会主义的本质要求和奋斗目标。在当下的经济社会环境里,受教育程度依然是决定收入水平的最重要因素。共同富裕的核心就是教育公平,要想实现共同富裕,提高教育水平是根本。按照一般的理解,共同富裕就是共同创造财富,让更多的人有能力创造财富,提高受教育层次,提高教育质量。在推进共同富裕的背景下,师范生在推动教育公平方面能够发挥更大的作用。

第一,提升定向师范生培育质量。定向师范生是各地政府为了解决农村尤其是偏远艰苦地区义务教育阶段教师资源紧缺的现状而制定的由政府出资、专门为农村地区培养义务教育阶段师资力量的措施和政策。这种"定向招生、定向培养、定向服务"[①]的培育方式为我国农村学校培养了大批优秀的教师,改善了农村教育落后的面貌。所以,高校要重视定向师范生的培育,注重提升培育质量;要对农村学校定向师范生培育的课程设置进行优化,在课程实施过程中要通过渗透理想信念教育,在潜移默化中培育师范生的教育情怀,帮助师范生树立长期从教的理想信念;要针对农村中小学基础学科开展丰富的竞赛展演,增强师范生的从教意识;要开展"勤工助学""暑期三下乡"等社会实践活动,树立师范生的服务意识;要创设农村教育情境,培育师范生具备适应农村学生成长需要的教学和管理能力,强化师范生的

---

① 陈宝生.国务院关于推动城乡义务教育一体化发展 提高农村义务教育水平工作情况的报告[R].2018-08.

教育实践环节;要完善由地方政府统筹管理的招生就业制度、深化以高校为主导农村学校协同的课程教学改革、加强以农村学校为基地的农村从教主题实践活动来建立健全 U—G—S 协同育人机制。①

第二,开展乡村普惠教育服务。乡村家庭的多数父母都是工人或小商贩,为了生活四处打拼,无法关心到子女各方面的发展情况,这也从某程度上加剧了城乡孩子教育的不公平性。开展乡村普惠教育的目标是促进教育公平,尤其是发达地区与欠发达地区之间、发达地区与乡村山区之间的教育资源差距造成的教育失衡,在深层次阻隔了社会流动,导致阶级固化。因此乡村普惠教育要为欠发达地区输送更多教育人才和教育资源,从而更有效地推动教育公平。普惠教育要以送教下乡为主要内容,开设绘画、声乐、科技、舞蹈等素质拓展类课程,丰富乡村中小学生的周末和假期生活,在帮助他们完善知识结构、提高个人素养的同时,还要融入正确的世界观、人生观、价值观教育。通过开设主题讲座,让乡村居民学习某一领域的专业知识,如智能手机的使用、法律知识的普及等,帮助乡村居民提高知识水平和适应现代生活的能力。通过开展文艺会演、乡村舞台剧等活动,丰富乡村居民的精神文化生活。师范生通过开展普惠教育服务,实现主动贴近群众、关心群众、服务群众,了解中国乡村现状和社情民意,在提高自身能力的同时,也使自身的思想道德素质得到提升。

第三,鼓励师范生到基层就业。改革开放后,我国高校毕业生的就业机制主要是市场导向、政府调控、学校推荐、学生与用人单位双向选择。由于高校扩招、新冠肺炎疫情等影响,高校毕业生就业形势变得十分严峻。一方面,高校普通人才富余,大学生就业难、就业质量不高;另一方面,基层地区尤其是中西部偏远地区人才极其匮乏,包括农村教师在内的人才流失严重。高校要积极引导师范生到基层就业,在培育师范生基层就业观的过程中实现德育目标。要从师范生入校到毕业的全周期加强思想教育,让师范生深刻认识基层就业对自己、对地方、对国家的意义,培育基层就业的信仰和志向。② 要合理规划实习实践教学基地,适当联系农村偏远地区中小学开展实习,历练基层工作能力,锻炼艰苦奋斗的精神品质。要用好基层就业激励保障政策,积极推广"三支一扶""西部计划",给报名的师范生必要的帮扶和奖

---

① 刘珊.农村学校定向音乐师范生培养研究[D].长沙:湖南师范大学,2021.
② 刘红波,陈遇春,赵丹.农林院校大学生基层就业的困境及对策[J].菏泽学院学报,2020,44(2).

励,激发师范生的基层就业积极性。此外,政府、社会和高校要建立和完善基层就业师范生的长效保障机制,促进基层就业师范生的职业发展。[①]

(三)德育的政策体系建设

确定目标与价值取向,提升学校德育工作实效,充分发挥学生、教师、家长、社区等在德育评价中的角色功能,为现代教育治理提供必要的人力资源和方法路径。奠基学生道德发展,提升学校德育工作实效。高校生对德育价值的认识,以主体改造客体的社会实践为基础,以主体反映客体的属性、状况的事实认识为前提。完善德育评价的宗旨是学生的道德发展和人格建构,因此建构科学合理的德育政策体系的意义在于为学生的道德发展奠基,为学生的道德人格塑形赋能。与此同时,探索科学、合理、有效的德育评价模式和评价指标体系,有助于学校德育工作的科学组织和高效实施,改正不科学的德育政策体系建设。

1.目标与价值取向

(1)培育时代新人的新目标

党的十八大以来,学界对大学生思想政治工作的创新研究愈加深入。师范生要进行丰富、深入的德育实践,这是教师充分、全面认识德育价值的源泉和动力,也是检验其认识正确与否的标准。其中既有对新时代大学生思想政治工作整体路径的创新研究,也有对其中一个方面,如渠道、内容等方面的研究。

第一,推动理想信念教育。在融入国民教育中促进青少年坚定理想信念,更好地凝聚起实现中华民族伟大复兴的磅礴力量。青少年正处于人生成长的"拔节孕穗期",能否引导他们树立坚定的理想信念,直接关系到培养的社会主义建设者和接班人的合格程度。要遵循思想政治工作规律、教书育人规律和学生成长规律,围绕立德树人这个根本任务,在大中小学办好思政课,把理想信念教育有机融入教育教学活动的各个环节。

第二,提升理论专业素养。马克思认为人类真正的幸福是通过自身劳动实现的。幸福不仅在于享受劳动创造的成果,而且在于能够在劳动创造过程中展现自身的才能。推动理想信念教育常态化制度化,需要重点抓好

① 刘晓颖.师范生基层就业观培育研究[J].湖北第二师范学院学报,2021,38(10).

青少年群体。人们常在创造性的劳动过程中感受到幸福。英国实证主义哲学家、社会学家斯宾塞认为教育的目的在于：一是培养快乐的人；二是为未来完满生活做准备；三是为了有一天能够不教。这一观点呈现了教育本来的样子，即培养能够快乐、自主生活的人，而充满乐趣、联系生活、主动自觉的学习则是实现这一目的的途径。

第三，重视德育课程建设。完善思政课相关制度，确保思政课的课时和学分，重视思政课教师队伍建设，切实改革思政课教师评价机制，使思政课成为解决学生理想信念问题、引导学生立德成人立志成才的主课堂。同时，使各类课程与理想信念教育相互配合，发挥课程育人功能，引导学生坚定理想信念。积极开展开学典礼、毕业典礼和入团、入党宣誓等活动，让理想信念教育融贯于学校课堂内外。思政课不仅应该在课堂上讲，也应该在社会生活中来讲。要善用"大思政课"、讲好"大思政课"，使理想信念教育可亲可感可信，更受学生欢迎。

(2)人与社会和谐发展的新取向

人与社会的和谐发展是多方面的、协调的，主要表现在社会发展和人的发展两方面上。应制订正确的价值取向政策，彰显德育的重要性，确立基础学习道德的生活范式，占领德育发展主阵地，为社会和谐服务。

第一，遵循学生身心发展规律，科学制订相应教育标准。重塑基础教育良好生态，促进学生全面健康成长，要以基础教育阶段特征为依据，例如，成长标准、学校标准、学业标准、课程标准等。教育标准反映的是对教育规律的把握程度。其中，科学的成长标准是构建良好教育和日常生活中形成人的教养和德性的根基。生活中的特殊经历，包括意外和变故，可以激发"非常态意识体验"。这些体验不仅是检验在日常生活中所形成的教养的试金石，还具有触动心灵、提升精神境界的作用。当德育不再远离人的生活的时候，它便不再枯燥，就会达到"学习道德是快乐的，做道德的人是幸福的"这一境界。如果它变得枯燥了、惹人讨厌了，那就需要反思我们的理念和做法的合理性。

第二，树立正确的价值取向，凸显德育的重要性。关爱学生，育人得法，能根据学生身心发展规律和德育原理，开展班级建设、校园活动和社团指导等工作，成为学生信任、家长放心的好教师。高尚的道德作风能够在教育实践中发挥重要作用，激发教师对其职业的强烈认同感，热爱教育教学工作，服务国家乡村振兴战略，传承和弘扬中华优秀传统文化，成为学生健康成长的引路人。勤于反思，持续发展，能紧跟基础教育改革步伐，深入体察学生的学习和发展需求,关注农村教育和农村学生的教育需求;能以良好的团队协作精神开展教育教学改革,勇于创新,不断提高自己的专业素养和职业能力。

第三,树立终身学习理念,勤于反思与积累。学习是学生"劳动"的表现形式,当学习成为一种自觉的活动,学习量、学习时间、学习难度等都维持在适度的范围内,学习的形式遵循教育规律的时候,学习的内容才能符合成长需要。教师需素养全面,教学有方,能综合运用较全面的专业知识和技能,依据课程标准进行教学设计,有效实施与调控教学过程,解决教学问题,具有较好的教研能力,能开设优质示范课。教师要致力于去发现学生生命内在的德性潜质,探索这种德性潜质的丰富性与独特性,为之创造各种有利的教育情境,促进其成长。以上思想观念的变化,反映出我国道德教育已显示出回归生活世界,有希望逐渐成为温馨的、有魅力的教育的趋势。

2. 内容与具体实施

(1)以社会主义核心价值观为主线的德育内容

高举中国特色社会主义伟大旗帜。加强和改进思想政治工作的指导思想,深入学习贯彻习近平总书记系列重要讲话精神和治国理政新理念新思想新战略,全面贯彻党的教育方针,坚持社会主义办学方向,扎根中国大地办大学,以立德树人为根本,以理想信念教育为核心,以社会主义核心价值观为引领,切实加强和改善党对高校的领导,全面提升高校思想政治工作水平,培养一代又一代中国特色社会主义合格建设者和可靠接班人。①

第一,完善以社会主义核心价值观为主线的德育内容。将德育提升到一个新的高度,引起全社会对德育的重视,充分发挥专业课和综合素养课的思政功能,为未来德育工作的开展奠定理论基础。达到全方位、全过程、全员育人目的,显得尤为迫切和重要。党和国家把青少年德育工作当作民生工程来对待,说明学校德育工作好坏直接决定了青少年能否健康成长,也关乎无数家庭和国家的未来命运。青少年是中国特色社会主义的建设者和接班人,他们能否担负起建设者和接班人的职责取决于全社会德育工作的成败。

第二,加强社会主义核心价值观的引领。目前,占课程比重最大的专业

---

① 习近平.把思想政治工作贯穿教育教学全过程 开创我国高等教育事业发展新局面[N].人民日报,2016-12-09.

课程往往偏重专业知识的传授和能力提升,忽视课程思政的功能,难以与思想政治理论课同向同行,产生协同效应。思政课、专业课和综合素养课要发挥思政作用,既要明确总体目标,又要根据不同类别的课程设计具体的思政目标;要发挥课程的显性育人和隐性育人作用。就具体课程思政目标而言,思政课程的目标就是要让学生掌握马克思基本理论,加强社会主义核心价值观的引领,强化显性育人的目标;综合素养课程思政目标是让学生在接受综合素养的培育过程中牢铸理想信念;专业课程思政目标是根据自身特色和优势,提炼专业课程蕴含的价值观和文化基因,在知识传授的同时进行思想理论的教育。

(2)"三全育人"新格局下的德育具体实施

在"三全育人"格局背景下,构建全面系统的"三全"育人体系,促进大学生德智体美劳的全面发展。因此,健全全员育人、全过程育人、全方位育人的"三全育人"体制机制能够有效提升大学生思想政治工作的效果,从而促进时代新人的培养。不同层面制定的德育原则,以立德树人为德育目标,以培养爱国主义和民族精神、践行社会主义核心价值观、吸取中华优秀传统文化、培养良好道德品质为德育内容,以学校、家庭、社会和网络为德育途径,体现继承性和时代性相融合、理论性和实践性相结合的特征。

第一,推动构建高校育人模式,加强师生教育引导。这是高校育人工作的创新之举,也是应势之举。构建育人新局面,着力培养德智体美劳全面发展的社会主义接班人,加强师生的教育引导,进一步深刻领会理念,提高对目标评价的重要性的认识,提高评价结果利用的改进成效。坚持发展性资助育人是高校实现"三全育人"内涵式发展的要求,应把"三全育人"的教育背景和高校的资助模式有机结合,形成全体人员参与、全过程、全方位的育人格局,这对于提升大学生的综合素质、增强德育时效性、营造良好校园环境以及推动高校思想政治教育具有重要意义。[①]

第二,创造性地实施,创新评价手段。学习是学生"劳动"的表现形式,当学生自我感受到学习成为一种自觉的活动,学习量、学习时间、学习难度等都维持在适度的范围内,学习的内容符合成长需要,学习的形式遵循教育规律,学生即可通过创造性的学习过程收获幸福。可见,当学习超过限度、丧失自主性且只为利己时,便不再有乐趣,逐步成为"负担"。由此可知,教

---

① 黄林静,张佳琪,熊密密."三全育人"格局背景下高校发展性资助育人模式探究——以湖南师范大学"爱尔兰华侨基金"为例[J].黑龙江科学,2022,13(1).

育不单纯等于读书,更不单纯在课堂,教育的正确方向是让学生通过学习成为一个幸福的人。这原本是一个简单的目标,但随着教育社会功能外延的不断扩大,许多复杂的、功利性的因素参与进来,使教育与本身的目标渐行渐远。现代德育评价需要避免过去偏重某一方面的评定,扩大评价的范围,考核德育的全部领域,再进行综合性的评价解释。现代德育评价注重学生全部的成长发展过程,就是针对学生全部的成长发展过程给予不断的评价,将学生的每个行为表现都看作是一份评价资料,并掌握每个学生的思想发展轨迹和行为表现状况,而不是到学期结束,评奖评优或在升学时再来汇总甄别、选拔性考核评定。

第三,采取多种途径,使培养目标获得师生、教管人员及其他利益相关方广泛认可。专业建设指导委员会、学院教学管理人员全程参与培养目标的制订,在组织宣讲和修订活动策划过程中,逐渐加深对培养目标的理解认同。学校管理人员通过全校教学工作会议、人才培养方案修订反馈会、职能部处负责人会议等途径,在条件建设、社会联系、招生政策等方面,保证培养目标的实施。以校内组织、校外调研为主要渠道,采取始业教育、座谈会、研讨会等形式,组织学习和宣传培养目标,广泛听取教育行政主管部门、学校教学委员会、用人单位、一线教师、专业教师、教学管理人员、在校生等方面的意见。通过始业教育、学生座谈会等形式,学习和宣传培养目标,引导学生进行学习规划和职业生涯规划,加强学生自觉的专业追求和成长动力;通过各类教育实践,让全体学生切身感受、理解和内化培养目标的内容。

3. 评价与改进机制

(1)德育评价机制

建立德育运行机制,增强德育的针对性、实效性和生动性,形成多维体系德育运行机制是学校教育的重要工作,是素质教育的精髓。在新的历史条件下,德育评价是深化素质教育的全新课题。德育评价依据一定的德育目标,综合、连续和灵活地运用可行的方法和技术,形成科学严谨的社会价值评价体系。对德育的过程与效果做出价值上的考查、判断,是学校教育评价的一项内容,也是学校德育工作的基本环节。

第一,丰富德育评价机制,突出德育过程的参与性。树立学校现代德育服务经济社会的观念,以现代德育思想为先导,用改革的眼光、改革的举措应对市场经济条件下学校政治思想教育所遇到的新情况、新问题,树立"育人为本、德育为首、人人都是德育工作者"的理念。其目的在于探索德育工作的客观规律,完善此项工作的控制系统,有效促进受教育者的思想品德向预期目标发展。目前德育评价针对过去存在的问题进行了改进,现代德育评价同德育目标密不可分。而过去德育评价与德育目标脱节,往往由教师凭经验、印象给出,导致学生个性、心理、品质发展的教育目标陷于空泛。如果学生思想品德教育的结果与德育的目标有了偏差,或不够具体,教师就应肩负起觉察与矫正的责任。

第二,完善德育评价方式,强化德育改革意识。完善德育评价的时代意蕴,德育的评价机制是由德育自身特点所决定的。从某种意义上来说:德育难以准确地量化考评。这样理解并不是说不能对学校进行德育评价,恰恰相反,只有建立在这样的认识基础上,我们才能如实了解一所学校的德育。每个学校都要结合德育实际适当地更新德育评价机制,才能促进学校德育工作更好地开展。要突出对"德育主题化"工作的考核,学校德育工作一定要有主题,让主题成为统领学校德育工作的主线。要确立科学育人目标,助力立德树人深化实施。强化德育工作多元化意识,整合德育资源,充分利用社区教育、家长和学校、共青团等组织构筑"学校+家庭+社会""三结合"德育工作平台,实现德育工作由单一型向立体型发展。优秀历史文化与思想政治理论课在学理深处的诸多共通,为相互融入提供了可能性。推动历史文化资源融入思想政治理论课,能够丰富思想政治教育的形式和载体,有利于提升青少年的思想道德境界,坚定文化自信。

第三,优化德育评价路径,发挥指挥棒功能。德育评价指挥棒功能的发挥,必须建立在明确科学育人目标的基础上,对"立什么德,树什么人"的思考应该成为建构德育评价体系的逻辑起点。强化创新意识,树立新的人才观,把"思想政治素质是最重要的素质"作为教育工作的灵魂落实到教育工作的各个环节,育人先育德,五育并举,实现德育内容多元化,做到寓教于乐,寓教于实践活动之中。通过优化评价路径,澄清德育评价目标和评价内容,科学制订评价指标与评价方式,培养具备普适价值、认同政治理念、内化"四个自信"的建设者和接班人。赋能现代教育治理,推动德育评价体系建构。完善德育评价能够帮助我们厘清现代教育机制体制改革中各类参与主体的权责范围和能动空间,进而建构立体交互、多元参与的德育评价体系。

(2)德育改进机制

德育改进机制需要增强德育实效性,树立正确的德育观,在家庭、学校、社区和社会各个方面,多个环节,多个层面加强配合,促使高校师范生深化对培养目标的认识,增强对德育资源利用的意识,促进德育深入发展,形成德育改进合力。

第一，营造德育氛围，避免脱离实际。建设师范苑，营造德育文化氛围，组织开展系列师范文化活动，如教学技能大赛、口语比赛、新生入泮礼等，避免脱离学生实际，空洞说教。学校工作中最有自主创新特点的其实是德育工作，如果能够把工作主题常规化，从方案到总结，从过程性材料积累到内涵深入，在学年开始之初就设计好相关方案，然后有条不紊地开展工作，就能做到理论与实践的结合。对于"爱国主义""传统美德""学生行为规范"都采取"灌输式"空洞说教的方式，成效不大，无法了解学生的身心发展规律的特点，没有做到"以人为本，以学生为本"。我们所采纳的教育理念已经超出了学生的认知水平和理解能力，对学生的教育起不到任何作用。老师与学生的共同成长，可以通过"学生大讲堂"补给精神营养，借助全体教职工会议、全系教师会议等形式，确立"学生中心、产出导向、持续改进"的理念，强调培养目标对人才培养方案制订的引领作用。

第二，协作承担德育责任，拉近现实距离。历史人物、历史事件是对学生进行爱国主义、集体主义和传统美德教育的鲜活教材，而学生主要从书刊、影视作品中了解和认识，生活中很少有生动感人的榜样可效仿。这种感情难以巩固，距离难以拉近。在教师层面，通过教研活动和个别探讨，进一步学习理解课程教学、毕业要求与培养目标三者之间的逻辑支撑，并落实于教育教学全过程。学生可以多多参与课堂，让他们和老师一起团结协作承担德育责任。校方结合其他工作部署，如听课评课、教学检查、教学研讨、兄弟院校经验介绍、中小学名师进课堂等活动，让全体教师增强师范生培养的意识，贯彻与落实专业培养目标的内容。

第三，改进教育目标，切实感知德育。现今的教育目标已然发生改变，学生面临的最主要问题是就业生存。要想改变此问题还需要一个很长的过程，学生的发展面临来自家庭、学校的巨大压力。主要在于学生的学习成绩至关重要，学校德育喊得响，落到实处却没有分量，德育为智育让路。可以通过"家长大讲堂"实现角色转换，让家长感知学校教育，利用家长义工督学走进大讲堂，从幕后走到前台。要通过课堂教学、实践活动、大学生科技创新项目以及优秀毕业生先进事迹的宣传等形式，培养和提高学生的创新意识和创新精神，明确培养高素质应用型教育人才的目标与内涵。角色由家长转变为教师，由"教育一个孩子"变为"教育一群孩子"，从而让家长们深深体会到教师不是一个人人都能够担任的角色。通过"家长大讲堂"融合亲子关系，助力家庭教育，实现亲子教育零距离。

第二章 学生层面的实效路径

(一)德育的自我养成

良好的师德师风建设是学生健康成长的助力剂,也是教师为"师"的根本,教师的师德素养直接关系到国家教育事业的发展以及民族的未来。师范生在学习过程中要注重自身德育的养成,关注生活动态,积极开展师德的自我构建活动,夯实德育基础;遵守师德规范,加强对自身人文修养和教育情怀的培养,爱岗敬业,锤炼师德能力;培养崇高的职业理想和高尚的道德情操,树立正确的人生观、价值观,提升观察能力和用人水平,谨言慎行,树立良好典范,提升师德素养。

1.夯实师德基础

(1)关注生活

近年来,教师师德缺失的现象越来越明显,师范生师德的培养越来越成为社会上广泛关注的问题之一。很多教师缺乏对社会时事的了解以及对自身教学方式的检视,对学生造成了负面的影响。教师德育的养成,更多地形成于普通且具体、平凡而琐碎的职业生活中。而师范生德育的养成,也应更多地关注生活。关注生活,不仅仅指关注国家、社会及学校的各种教学改革、指导等相关文件,更要关注生活中的点滴小事,如及时把握社会上最新的教学动态,关注生活中的社会时事等。师范生师德的培养,应在生活中不断学习,自觉养成关注生活的习惯,从生活点滴中夯实师德基础。

第一,关注教学改革。关注教学改革,就是要及时关注教育方面的社会动态,及时调整自己的教学方法和教学目标以适应教学改革的新内容。对于不同的教学阶段,其改革也截然不同。例如,由于中小学生学习负担过重,国家出台了"双减"政策,各地区出台了不同的高考改革政策等。政策的改变从某种程度上意味着社会需求的改变和社会对人才选拔要求的改变,也是我国教育行业发展的重大突破。因此,师范生要想成为一名合格的教师,就必须时刻把握教育教学方面的改革信息,顺应时代的发展潮流,根据最新政策要求调整教学目标、方法、内容等,为培养更符合当今社会需求的人才而不懈奋斗。

第二,关注社会时事。关注社会时事,就是要紧跟时代步伐。作为师范专业的学生,未来要面对的教学对象是一个更为年轻的群体,他们对社会时事是比较关注的。同时,随着时代的迅猛发展,学生们的认知和关注点也发生了很大的改变,传统的教学方式较难引起他们的注意,这就需要教师去做适度的改变,适当地调整教学方式和教学内容,将生活中常见的一些社会时事和教学结合起来,利用生活中的素材,提高学生的兴趣和注意力,向他们传播正能量的观点,帮助学生通过生活来学习和提高自我,并调动他们的学习积极性,提高他们的自主探究能力。因此,师范生应当积极关注社会时事,将生活现象化为未来的教学素材。生活,是一切知识和经验的来源,只有将生活融入教学之中,才能使学生学以致用,将课堂上学到的知识灵活运用于生活之中,而这一切就需要师范生从学生时代开始积累和运用。

第三,关注教学方法。关注教学方法,就是要提升教师专业技能。师范专业是一个比较特殊的专业,未来的发展方向是比较明确的,所以对于师范生来说,在大学学习期间掌握丰富的专业知识和实用的专业技能显得尤为重要。从生活角度来说,师范生在日常学习生活中不应只学习课堂上的理论知识,还应学习老师的实践技能,多多关注不同老师的上课方式和方法,认真学习有经验的老师的各种教学方式,将认为合适的可行的教学方法学以致用,并加以改进,形成自己的教学特色,为未来的育人工作奠定良好的基础。

学生时代是夯实德育基础的关键时期,生活中所经历的点点滴滴都是未来教书育人的素材和经验,师范生应增加对生活的关注,从生活中学习并提升自己的师范专业技能和德育素养,夯实德育基础。

(2)省察师德

师德即教师的职业道德,是教师在长期的教育教学实践中形成的比较稳定的道德观念、行为规范和道德品质的综合,是教师的思想觉悟、道德品质和精神面貌的集中体现,也可以称之为教师的专业伦理规范。① 高校师范生是未来的教师,肩负着未来"教书育人"的责任,优良的师德是师范生必须具备的一项基本素质,贯穿师范专业学习的全过程。

第一,师范生要省察自身的德性品质。在这个以分数论英雄的社会,无论是家长还是孩子,都会将关注的重心放在学习成绩上。但是,因为过度追求成绩,校园内出现了各种各样的不良现象,例如越来越常见的"高分低能"现象,迫于学业压力而产生的漠视生命的现象,有些学生成绩优异但文明素质不高的现象等。由此可见,分数固然重要,但更重要的是培养孩子健全的人格和健康的心理,这就需要教师的引导。教师必须拥有高尚的德行,方能言传身教,给孩子树立好榜样。师范生要学会省察自身的德性品质,提高对自身德性的认识,加强对自身内在品德修养的培养,提高对专业技能训练的主动性和能动性,树立正确的教育价值导向。

第二,师范生要省察自身的文化基础。要给予孩子一滴水,自己就必须拥有一桶水。要培养学生的文化素质基础,教师就必须具备丰富的文化底蕴,教师知道的越多,才能教授给学生更多的知识。在工作阶段边教边学自然是必不可少的,但要打好坚实的基础就应该从学生时代做起,不愤不启,不悱不发,带着强烈的求知欲勤奋学习,专注提升自身的文化素养,以对祖国未来的担当和责任来严格要求自己,吃苦耐劳、严于律己,做中华优秀传统文化、自然科学文化、社会文化的继承者和传播者。

第三,师范生要省察自身的教育担当。师范生作为未来的教师,应当树立责任意识。教师是一个需要责任感的职业,无论是对上下课的时间观,还是对课堂内容的效率和质量,都需要有严格的把握。教师的责任感首先体现在对学生的负责态度上,诚如前文所言,教育的本质是教书育人,知识的传授是一方面,对学生人格的培养是另一方面。教师要想更充分地利用好课堂时间,就必须在课前做好完备的备课工作,这是老师的责任。有这样一个案例:有一次,苏霍姆林斯基去听一位历史教师的课,他有一个习惯是听课时记下执教教师的教学环节,在课后给予相应的点评。可那堂课的讲课教师一下子就把他吸引住了,直到下课,他也没有记下任何教学内容。课后他问那位执教教师这堂课的备课时间,老师回答说备课的直接时间只有15

---

① 易凌云.幼儿园教师专业理念与师德的定义、内容与生成[J].学前教育研究,2012 (9).

分钟,但他是一辈子都在备这堂课。短短一句话道出了这位老师的教育担当,这也是师范生未来需要努力的方向。育人,即关注学生的人格培养,这也应是教师对自身的责任要求。选择了教师这个职业,其职责就是为人师表,培养好每一个学生。选择了教师这个职业,就等于选择了责任。高校师范生从现在开始就应树立责任意识,自觉遵守道德规范的要求。

优良的师德师风是成为一名合格教师的基础,高校师范生应勤奋学习,夯实文化基础;以德立身,夯实德育基础;尽职尽责,夯实责任基础。不断省察自身师德的养成,为未来的职业生活夯实基础。

（3）自我构建

对于师德的自我构建,学者朱广兵曾下过这样一个定义:师德自我构建在本质上是一种自我改造、自我陶冶、自我解剖的活动,通过教师对自己内心世界及其行为的反省、检查,培养自己的道德情感和道德信念。[①] 从中我们可以发现,无论是从认知到行动,还是他律到自律,师德发展都是由外而内的自我构建的过程。

师德本应是每个教师都具备的基本道德,诚如人性本没有善恶,人的善恶之分来源于人的后天教育。教师的经济观与道德观本也没有很大的冲突,但在社会或多或少的拜金主义的影响下,教师对经济的需求会有所上升。他们内心对利益的追求和对自身道德的要求会产生冲突,从而对师德建设造成一定的影响。破除师德建设的困境,需要进行师德的自我构建,师德的自我构建是一个漫长而又复杂的过程,包括强化自我修养、进行自我批判、培养道德品质等多方面。

第一,强化自我修养。自我修养是每个人都应当具备的,而作为教书育人的教师,个人修养更是尤为重要。只有具备高尚的个人修养,在涉及行为的关键问题上才会考虑他人的利益,有时甚至能够将他人利益置于自己的利益之上。提高自我修养也会促进教师强化责任感、职业精神,是师德自我构建的重要途径。师范生应当培养对教育事业的责任感和使命感,形成并坚定对教育事业的内在精神信念,构建带有责任感和使命感的自我修养。同时,为了使师德建设有一个明确的方向,也需要努力学习科学的理论知识,包括思想道德和科学文化知识。

第二,开展适当的自我批评活动。开展自我批评、自我分析的活动,仔细剖析自己,是促进个人进步的内在动力,也是教师德育养成的重要方法。

---

① 朱广兵.师德自我构建的困境与对策[J].基础教育研究,2013(8).

师范生尚未真正在社会上体验教书育人的感觉,如果在道德修养上出现问题,应当学会分析自己是否存在违背教师道德的言论和行为,及时开展自我批评,纠正错误,改正缺点,不断完善自我。

第三,学习优秀教师的道德品质和行为规范。教师在社会上的经历和体验是师范生在学校中无法体会到的,教师能够以更直观、更具体、更生动的例子来启发和教育学生。学习他们的优秀道德品质和行为方式,以优秀教师为榜样,取长补短,有利于提高自身的道德修养水平。学习先进教师的优秀品质,可以多多阅读模范教师的先进事迹和教育界名人传记,使自己的行为符合道德原则和规范的要求;也可以通过学习身边的模范教师,从他们的言行举止之中体会更直接、更深刻的影响。

2. 锤炼师德能力

(1)加强人文修养

教师的人文修养就是教师所具有的人文精神及在教师的日常活动中体现出来的思想、道德、心理、性格、思维模式等方面的气质和修养。它表现在教师的管理活动和日常教学中,表现为教师教书育人的强烈责任感和历史使命感。著名德国哲学家康德曾说:"只有人能教育人,换言之,即自身受过教育的人才能教育人。"因此,要锤炼师德能力,必须提高自身的人文修养。

第一,养成终身学习的习惯。认真学习理论知识、勤耕不辍,在校阶段努力构建全面的知识体系。博览群书,在不断的学习、思考和积累中,提高自己的专业素养和从教素质,丰富自己的知识和思想,与时俱进。积极关注教育动态和社会热点,拓宽文化视野,提升思想高度。教师是人文教育的关键,教师的教学能力和人文修养直接影响人文教育效果,尤其是文科教师,只有具备丰富的人文修养,才能通过人文教育合理引导学生,提高学生的人文素养,做学生成长的引路者。

第二,要热爱教育工作,尊重学生,自觉提升教师职业素养,牢固持守立德树人的教育理念。教师提升自身的人文修养,应当注重以人为本。以人为本,对教师而言,就是要以学生为中心,尊重学生的个性,将自己放在学生的位置,设身处地地进行学习和思考,从而做到真正地了解学生;在课堂上关注学生的所思所想,合理引导,激活学生思维,促使他们更加积极、主动地投身学习。师范生应当学会在课堂上将注意力放在学生身上,尊重学生,课后多与学生沟通交流,增强学生自信心。

第三,要培养敬业精神,并向周围的优秀老师学习教书育人的经验和方法。教师应当把教书育人作为自己毕生所追求的事业,敬业爱岗,乐教不倦。教师敬业、爱业,乐于为学生服务的精神,是对学生进行道德教育的最直接、最生动的素材。师范生应当以敬业态度和强烈的责任心,将教书和育人有机结合在一起,引导学生健康成长。师范生还要有进取心,不断探索、积极进取,不断超越自我,热爱并忠于教育事业。

(2)遵守师德规范

自汉代儒家思想成为社会的主流思想,尊师重教就一直是师生之间的关系准则,社会上往往对学生的要求会更多一些,要求他们尊敬师长,但对教师道德行为的约束却相对少些。近年来,师范生的道德教育问题也越来越严重,过分强调师范生的理论教育,忽视其行为和实践活动,导致师范生认知和行为的错位,师德建设发展缓慢。意识到这个问题后,我国加快了师德规范建设,加强了对教师职业道德规范的培养。

参考《中小学教师职业道德规范》(2008)、《高等学校教师职业道德规范》(2012)等文件我们可以看到,无论是中小学教师还是高校教师,其中最基本的几条规范是:爱国守法、爱岗敬业、关爱学生、教书育人、为人师表、终身学习(严谨治学)、服务社会。从中我们可以发现,中国对教师职业道德的要求更多地体现在自身人格的修养方面,以调节教师与学生、学校、家长、社会等之间的关系为目的。对此,师范生应当加强对教师职业道德规范的理论学习,自觉遵守师德规范,积极发挥德育的教化作用。

第一,提高思想政治素质,加强师德师风建设。中国特色社会主义进入新时代,坚持社会主义核心价值体系和社会主义核心价值观是每个公民应尽的义务。师范生作为未来的教师,肩负着教书育人的使命,更应严格要求自己,树立正确的世界观、人生观、价值观,自觉抵制各种落后腐朽的文化的侵蚀,以弘扬中国优秀传统文化为己任,弘扬以爱国主义为核心的民族精神和以改革开放为核心的时代精神,坚持中国共产党的领导,热爱人民,拥护社会主义,为实现中华民族伟大复兴的中国梦而不断奋进,保持思想与时俱进,引导学生树立崇高的理想信念,为未来不懈奋斗。

第二,培养爱岗敬业、关爱学生的精神。爱岗敬业是一种对事业全身心的投入,一种不悔追求的信念,一种拼搏奋斗的动力。无论是什么职业,爱岗敬业都是最基本的要求,而作为"人类灵魂工程师"的教师,更是应当以身作则,以严肃、认真的态度对待教学工作,尽职尽责,培养职业光荣感,承担起自己的责任。著名教育家陶行知曾说:"捧着一颗心来,不带半根草去",意思是教师应工作不求回报,在平凡的岗位上播撒爱心,表达了一种无私奉献的高尚精神。教师的职业是平凡的,也是不凡的。它平凡在默默无闻地奉献,不凡在关系着千千万万学生和家庭的生活和未来。爱岗敬业,认真负责,促进学生自由全面发展,推动社会文明进步。

第三,树立为人师表的意识,不断学习,严谨治学,强化教书育人的职责。师范生作为传道授业的准老师,将学习放在重要位置,认真学习理论知识,刻苦钻研专业技能,提高自身综合素质是提高自身职业能力的重要步骤,只有不断提高自身素养,才能教好学生,哺育未来的花朵。为人师表,当以身作则,严于律己,以自己良好的思想和道德风范去影响和培养学生。

(3)涵养教育情怀

从广义上来讲,教师情怀是教师在教学实践中的品德修养、个人素质以及行为方式。① 从狭义上来讲,教育情怀就是教师对教育事业的一种由内心而生发的深沉的、难以割舍的感情。教师带着教育情怀进行教育事业,更容易在教育工作中投入真诚的情感,让教育工作带着培养学生的使命感。

社会上师德缺乏现象很大程度上是因为教育情怀的缺乏。很多教师总是以一副"苦行僧"的面目示人,把追求生活的惬意作为自己生活的追求,而对教学工作却只是草草应付,这就是缺乏教育情怀的表现。对教育事业没有热爱,自然也没法实现教育真正的价值。教育情怀的养成,需要一个不断积累的过程。

第一,要坚定教育理想信念。理想指引人生方向,信念决定事业成败,教育理想信念是教师实现自身价值的源泉和动力。师范生树立教育理想信念,可以通过积极参与教师培训,包括教师思想道德培训等课程,进行模拟教师课堂实践,来感受教书带来的成就感,帮助自己树立远大的目标。教育是国之大计、党之大计,师范生作为未来的教育工作者,应当坚定教育理想信念,以热爱教育的定力,担起教育的重责,以教育理想信念指引未来事业的方向。

第二,要坚持对教育真谛的追求。只有了解清楚教育究竟是什么,才有后面的提问:为什么和怎么办。教育事业是一个需要不断求索的过程,师范生应当坚持对教育真谛的追求,明白教育事业究竟是一个怎样的存在,无论是陪伴懵懂的孩子成长,教授他们文化知识和为人处事的方法,还是内心对于职业责任的坚守,都是师范生坚定教育事业、涵养教育情怀的助力剂。

① 文芳,吴德勤,李玲,钟婷婷.小学教师教育情怀的校本培养路径[J].教育科学论坛,2021(7).

第三,要提高自身教育教学能力。教师教育情怀的涵养,离不开教师专业技能的提升。教师的首要任务是教学,但教学并不是指简单的教学程序,它更讲究教学方法的灵活运用。新时代对教育目标提出了更高的要求,这就意味着对教师专业能力提出了更高的要求。师范生提高教育专业能力,最重要的一点就是应当努力学习专业知识。扎实的专业理论知识是提升专业能力的基础。师范生应当树立"终生学习"的观念,不只是把教师看成一种职业,更应看成终生的事业,通过专业课技能的学习、对教学经典案例的分析、实习的经验等,不断提高自己的专业技能、文化修养和科学文化素质,真正担当起文化知识的继承者和传播者的角色,以热爱成就未来。

3. 提升师德素养

(1)心中有道

韩愈《师说》有云:"师者,所以传道授业解惑也。"教师要传道授业,必须先做到自己心中有道。在社会生活中,我们可以发现个别教师的师德素养有待提升,很大一部分原因就是心中无"道",没有方向。师范生在校期间,应当坚定教育理想,建设自己心中的教育之"道",提高自身的师德素养。

第一,广泛涉猎,拓宽自己的知识面。师范生只有努力学习科学文化知识,用科学的理论武装自己,方能在教导学生时心中有底气。"木桶的盛水量并不决定于最长的木板,恰恰决定于最短的木板。"这就是美国管理学家劳伦斯·彼得提出的著名的短板理论,其中的短板就是指问题的主要矛盾。在教学过程中,教师的理论素养就是最主要的矛盾,只有具备丰富的学科理论素养,才能在教学过程中将知识更多地传递给学生,帮助孩子更好地成长。

第二,注重积累,提高教学经验储备。职业生涯中的成长像高楼大厦的建造,楼层越高,对根基牢固性的要求也就越高。在教学实践中,每个教师都会经历难以解答的困惑、经历苦闷的心理斗争、体验成功的喜悦、品尝失败的苦涩……而这一切的一切,都积淀着教师的实践经验,使之成为更熟练的教育者。课堂终究是为学生发展服务的,最需要研究的是学生的发展,教师应注重教学的启发性、自主性、探究性,使课堂教学更理性是教师心中有道的很重要的体现。教师可以通过自身的经历和体验实现经验的积累,也可以通过向阅历更丰富的教师学习,从而进一步充实自己的教学经验储备。

第三,学会反思,不断提升专业能力。"自我反思"是教师专业能力成长的一种有效途径,但反思并不是思考的目的,真正的目的是从中发现自己的不足和缺陷,及时进行弥补和修改。简言之,作为教师,行走在教育的道路上,应当时刻保持思考,在自我反思中实现专业能力的自我提升。在社会主义新时代,哺育祖国花朵的教师更应当让反思成为一种习惯,在教学工作中遇到的问题或成功的体验,都可以进行反思,通过思考来回顾、判断事情的问题所在,或尝试分析自己行动优秀或失误的原因,找出缺陷、弥补不足、加深感悟。继而在反思的基础上,调整方案,进一步进行操作,再次判断其可行性,如此循环往复,积累自己的经验和学识。

(2)善当伯乐

每个孩子都有他自己的闪光点,而对教师能力的评判,很大程度上要看教师能否找到每个孩子的不同,因材施教,发现学生的长处,激发学生的潜力,使孩子得到最大限度的发展。韩愈《马说》中曾有这么一句话:"世有伯乐,然后有千里马。千里马常有,而伯乐不常有。"在教育界中,学生就像马匹,而教师就是驯马者,正如韩愈先生所说,千里马常有,不常有的是发现千里马的伯乐,因此,每个教师都应当成为一名善于发现学生长处的伯乐。然而,伯乐相马的能力并非天生就有,而是阅过无数匹马,犯过无数的错,历过无数的坎坷,方能发现那千里马的不同之处。要提高教师的"相马"能力,需要加强对师范生的指导和训练。

第一,师范生要提升观察能力。师范生要学会相马,最重要的一点就是学会观察。每个学生都有不同的个性特征和特长爱好,但如果没有被发现,就会埋没他们的特长,造成人才资源的浪费,教师可以通过仔细观察,来发现他们的"闪光点"。在当今社会,人们往往更加注重成绩的好坏,一味地追求考试分数,甚至以此来划分学生的好坏,将成绩差的学生命名为"差生"。但是,成绩真的如此重要吗?难道"差生"就没有他们的长处了吗?当然不是的,他们也有自己的兴趣爱好,也有自己的特长。师范生要学会观察,可以从生活中的细小事件入手,提高观察细节的能力,同时努力学习相关的理论知识,做到理论与实践两手抓。

第二,师范生要提升用人水平。伯乐相马,不仅要学会观察,更要善于思考,根据他们的长处,选择适合他们的成长方式,为他们搭建合适的成长平台。例如,有的学生天生就有领导能力和管理能力,可以选择他作为班委来进一步培养他的能力和综合素质;有的学生有绘画或体育特长,可以将他往美术或体育特长生的方向发展;有的学生说话能力很强,语言天赋很好,可以培养他的口才,如辩论能力等。由此可见,教师要善当伯乐,不仅要发现"千里马",还要"策之以其道,食之以其材,鸣之通其意",发现长处,挖掘长处,利用长处,因材施教,增强他们的自信心,激发他们的创新精神,促进孩子的成长与发展。

第三,师范生要提升个人素质。提高个人素质,是为了更好地指导未来的教学,推动工作的发展。就像伯乐研究相马一样,师范生应当不断进行学习与思考,全方位地提升自己,使自己成为真正的伯乐,在未来的教育工作中,才能发现班级同学的长处与特点,培养出一群"千里马",将班级建设成为一个班风优良、团结奋进、勇于拼搏的团体。

(3)谨言慎行

学生时代是一个特殊的时代,师范生的世界观、人生观、价值观都还没有完全成型,不能很准确地明辨是非,身边人的一举一动、一言一行都会对他们产生影响。"老师的一句话,学生的一辈子。"这句话正说明了教师的言行对学生的影响程度。因此,教师的言行举止都会对学生未来三观的形成和人格的塑造产生影响,教师需得学会谨言慎行,为学生树立一个好榜样。

要想做到谨言慎行其实并不简单,穿衣打扮要大方、得体、成熟,说话用语要文明,要注意场合,声音不可过大等。对于一名教师来说,这些都是最基本的要求,但教师完全做到这些要求不能一蹴而就,需要从师范生阶段就勤勉学习,不断训练。

第一,形成语言和行为的逻辑性。教师以较强的逻辑性进行授课,有助于学生思维的逻辑性的培养,反之,若教师的语言表达混乱无序,则容易导致学生的语言表达缺乏逻辑性。因此,师范生在进行语言表达时应谨慎,形成语言和行为的逻辑性,避免因随意、无序而出现的错误。师范生在课余时间可以多阅读一些语言表达类的书;多看对逻辑培养有帮助的书;说话做事之前理清头绪,学会更有逻辑地表达。

第二,避免语言和行为的粗俗化。教师是文明的使者,是学生行为的典范。教师的语言和行为与其思想品德、文化素质等密切相关。文明、健康、积极向上的语言和行为所带来的影响与粗俗、低下的语言和行为所导致的结果截然不同,用积极的鼓励可以激励学生进步,使其形成健康、积极的心灵世界;使用不文明的,甚至侮辱性的语言或行为来对待学生,会影响学生学习的积极性。师范生可以多看有助于陶冶情操和锻炼口才的书,提高自身行为规范,强化自身素质,更新观念,由单一的"学习型"师范生向"学习、素质双发展型"师范生进行转变。

第三,培养语言和行为的艺术性。教师用语言来激发学生求知的欲望,同时,其教学效果在很大限度上也取决于他的语言表达能力。因此,师范生应努力培养语言和行为的艺术性,学会运用富有感染力、启发性的教学语言与学生进行对话和交流,用自己真实的感情与学生相处,拉近自己和学生的关系,注意语言的艺术性,关注学生的心理状态。在日常人际交往活动中,也要学会注意自己的言行举止,铭记自己身为未来教师的责任,与学生交流时举止稳重,态度和蔼,保持与学生"平等"的心态。

教师的谨言慎行,不仅有益于学生的健康成长,更是自身师德素养的体现。教师当学高为师,身正为范,谨言慎行,做下一代的道德典范。

(二)德育的共勉共济

德育的共同发展是基于当下社会网络化环境和教学领域大环境提出的。师范生德育实践既需要外部社会的协同和政策的制定,也离不开团体组织成员间的共勉互助。教师利用师德标兵帮助师范生探寻正确的发展方向,借助全面细致的导师制敦促学生实践德育,以畅通的反馈渠道获知师范生的学习状况。党员学生发挥先锋作用,与优秀师范生一起与德育薄弱者结对互助,共济共勉。学生团体组织与班集体发挥团队力量,通过营造良好的班风学风,打造德育为主的班级文化,在班级制度的框架下推动德育的大发展。

1. 教师与学生共勉

(1)师德标兵的榜样作用

教育部门制定印发《新时代高校教师职业行为十项准则》及《新时代中小学教师职业行为十项准则》等相关条例,针对当下部分教师师德缺失问题提出了指正意见,设立更为严苛的职业行为准则以深化师德师风教育,提倡树立"以德立身、以德立学、以德施教、以德育德"的教学楷模,坚决查处师德违规行为。① 在网络时代,信息化传播使得宣扬榜样具有多元平台与机会,但也容易导致榜样泛滥,日常教学活动中缺乏真正有效的事迹宣传,教师或学生的关注度下降;优秀师德者的效仿内在性逐渐弱化,教师对模范精神缺乏感性认识与理性思考,丧失学习自主性与目标方向;高校内部的间隔式表

---

① 教育部.新时代中小学教师职业行为十项准则、新时代高校教师职业行为十项准则[EB/OL]. http://www.moe.gov.cn/srcsite/A10/s7002/201811/t20181115_354921.html,2018-11-08.

彰手法无法长效建立榜样作用的发展机制,在管理制度及教师学生的培养方面建设不足,导致榜样作用发挥受阻。①

第一,发扬教职员工的"红烛"精神,增强榜样宣传时效性。高校宣传部可以组织学生共同搭建师德标兵榜样宣传平台,在校报刊物中开设"身边的最美教师"相关板块,不定期以学生问卷调查、同事印象评价、采访本人等方式采集校内优秀师德践行者先进事例,同时借助微信公众号、短视频软件等新型网络媒体将典型事迹分享于众。② 以时间轴线加强宣传,每周一国旗下讲话穿插"感动中国十大人物"事迹演讲,增强学生道德意识,进行人格教育;每月校宣传栏轮替封面板块介绍校外爱岗敬业、无私奉献的劳模教师,营造师德榜样教化氛围充盈校园;一年一度的教师节可改变送花送贺卡的传统,举办"我爱我师"活动,学生上台分享师生感人故事表达感谢,优秀教师亦可结合实际对于德育教育的做法发表感想,晓之以"师理",动之以"师情"。学生在点滴分享中从教学活动外的角度重新感受教师榜样力量,同时教师亦获得师德养成的可贵经验,二者互励互勉,共同前行。

第二,完善师德标兵榜样引领的长效机制,实现榜样建设常规化。新阶段下教师教育的内涵式发展强调培养专业知识与职业道德并重的高素质专业化教师团队。③ 因此,如需长期保持师德标兵的榜样作用,应由校内相关职能部门结合校内教职工实际情况、思想特点开展教育培训,有计划有组织地安排教师深度投入学习新时代师德建设。教师可以通过学习经典的教师教育思想理念,阅读优秀师德者特别访谈记录与自我传记加强理论感悟。还可以轮换教师到师德建设成果显著的高校探求经验,开展寻访师德践行者的暑期活动,回校后以公开课形式强化实践感悟认知。学校应奖罚分明,校管理层下达教育专业评价机制与师德缺失判断方法等文件,设置奖惩制度,对缺失师德的教师剥夺部分相应的福利待遇,予以通报批评处分、公示,先进师德者则予以隆重表彰并给以一定的经济奖励。

第三,以德感人,加强师德标兵对学生的勉励作用。魏源的"耳聒义方之灌,若罔闻知,晬一行之善而中心惕然者,身教亲于言教也"强调了教师自

①　周静,刘勤.高校师德建设榜样热的冷思考[J].开封教育学院学报,2013,33(5).

②　孙崇正.加强教师职业道德建设　努力塑造时代师魂[J].北京教育(高教版),2005(10).

③　刘梦华,高文涛.教师专业化背景下师范生的师德教育:内涵、意义与实施路径[J].扬州大学学报,2021(5).

身道德品性对于学生的感化作用。对标师德榜样，教师必先懂得自我为何、如何，一味地仿效所谓的完美榜样，永远填不满差距，教师需明确自我定位，结合教育经验实际和自身教学特点加以寻探师德路径，才能正确发挥榜样的作用。教师以德感人，要重视学生的道德情感，避免步入"认知主义"误区。受感染是一种不知不觉的情感变化，是在无意识中慢慢地屈从的过程，且教师师德本体也是充溢着情感道德的文化现象，因此榜样作用的发挥要求教师对待工作一丝不苟、严谨认真，与同事诚心相待，互助友爱，如若以此得到学校表彰，便会在教学活动中潜移默化地感染学生，学生加以效仿，最终获得"我也要这样"的榜样力量。[①] 师德标兵应在暗示教化中重视学生个人情感的成长和德行发展，适时引导，及时谈心，勉励学生追求更优秀的自我。

（2）导师制的全方位引领

现代"导师制"这一理论概念最早来源于英国，直至19世纪末才逐渐被运用于本科教育教学活动中，国内相关教育研究启蒙晚且发展缓慢，主要作为学分制的完善补充，尚未提升到高等教育建制层面。[②] 长期以来学生对于导师制理念认知尚浅，缺乏足够的认同感来支撑导师制度的实行；教师亦不能准确定位导师工作方向，重在科研而无暇顾及本科生学业指导；各大高校重视程度不足，师生比例失调的境况下缺乏完善的配套供给制度，评价考核体系仍未健全；师生之间、部分导师与班主任之间、辅导员之间交流程度浅，信息互通少，导致出现工作重复、浪费人力资源等问题。

第一，调整价值取向，明确导师工作职责，科学定位导师制。如若没有深层次的价值构建与存在方式便无法获得广泛的认同与支持，导师制教学模式作为西方的舶来品，在接受理解中不应仅仅靠官方白纸黑字的文件颁布，需将此融入学生的价值观念中，可通过查阅图书报纸深入了解，探寻导师制的来源及其在国内的发展历程，分析导师制融合国内高校教育的相关案例，真正将导师制化为内在认同。细化导师职责，以学业阶段和管理领域为区分，设置高学段导师，负责指导入学时间较长且具有思辨创新能力的学生，带领他们参与竞赛或课业研究；低学段导师侧重初入学学生基础专业能力素养培育，指导他们规划未来职业发展方向；毕业生导师则关注辅导学生

---

① 张桂华.探析师德文化对学生的影响[J].文教资料,2015(30).

② 武晓伟,马培益.高等教育教学改革背景下本科生"导师制"的研究——以 X 大学为例[J].高教学刊,2020(33).

撰写毕业论文,教授实用性面试技巧,讲述考编、考研的要点。① 改变教师学生的传统观念,科学认识导师制,认同导师所为,懂得导师为何。

第二,及时跟进与导师制相关的配套制度,完善考核激励体系。教师层面上,高校在选拔导师时需确保组建的是高素质高水平导师团队,但可适度放宽导师选入标准,让多领域管理的导师同时兼责。高年级的大学生通过勤工助学的方式成为导师助理,分管本科生,对简单的初学层者答疑解惑,适时带领其参与小型校内外活动竞赛,必要时聘请校外优秀教师予以指导,帮助缓解师生比失调问题。制度层面上,首先在明确导师职责基础上设置评价考核机制,评价主体涉及学生、教师、院校管理层,评价方法以定向与定量结合,频次与质量结合,评价内容涵盖指导程度、学生成果等方面,实现主体、方法、内容的多元化;其次,对符合考核制度的导师予以一定的津贴奖励,学生科研竞赛结果与导师工作考评、职称晋升、深造机会相挂钩;最后,对持续保持高质量工作的导师,学校在年末教师大会中予以特别表彰,加以宣传。②

第三,整体性视角下,导师联合联动培养学生,加强师生交流。辅导员管理人员数量大且事务杂,班主任关注班级总体学风班风,难以具体到每位学生并加以指导,由此需要推动学业导师、班主任与辅导员的协作培养。在分工合作管理学生过程中借助资源共享,从班主任、辅导员处获得学生信息,掌握分管学生的个性特征,个性化制订相应的学习方案,根据导师教授学生的发展状况进行考量分析,及时与班主任反馈;成立教学提质的三人研讨小组,建立专门运行与监管导师制的教务管理部门,集中处理学生学业生活中出现的问题。③ 以学生需求为重要导向,重视师生间的沟通交流。导师制的全方位引导是针对学生的心理学习需求而存在的,导师将学生个性发展需要与实际相结合,可采用咨询式指导、引导式课程指导、协助式研究指导三类模式加以协助。④ 学业方面,导师每月制订专业课程必备素养的培育

① 吴涛,凌越波,沈梅英.我国本科生导师制起源与发展现状研究[J].大众文艺,2019(20).

② 高璇.本科生导师制:高等教育质量提升的新探索[J].教书育人(高教论坛),2019(36).

③ 刘智敏,许志刚.大学生本科生学业导师制的实践研究[J].创新创业理论研究与实践,2021,4(3).

④ 王东芳,赵晓军.一流本科教育的导师制——基于美国文理学院案例分析[J].比较教育研究,2019,41(9).

计划,课程外对分管学生加以指导,年末进行考核评价,最终班主任记录导师评审分数,以此作为学生学期末的考核指标。

(3)畅通的学生反馈渠道

高校师范生在校内学习的过程中,会对所学及如何践行德育进行思考,有思考即有疑问,有疑问即需反馈。而如今高校内部过于程序化的书面体系和繁杂冗长的实行过程,化简为繁,无形中抑制师范生悄然凝聚的求知欲,即便是早已成型的最初反馈通道也逐渐因为践行者的不常关注使用而堵塞,失去其原有的功效。德育教育不同于普通专业课程,师生普遍轻视师德问题,反馈意识淡化。反观专业素养培养过程中,课业学习渠道显然更为畅通,但二者均有共同的缺失,即反馈渠道过于繁杂、问题解决方式时常不一、传达不够明晰、反馈对象不明等缺漏。得幸于互联网大数据时代,校园内网的建立及各类交流平台的飞速发展,为所有在校师范生获得更为便捷的渠道提供更多可能。传统师德教育方式已无法满足师范生全面发展的需求,这就对所有师范院校提出了一个时代化要求。

第一,化繁为简,畅通枝节丛生的反馈渠道。一切反馈问题中的不明确会于无形中抑制反馈欲望,因而,在反馈中化繁为简显得至关重要。首先是模式上的畅通,改变课堂教学,培养方案反馈方式,流程大类可分为观察反馈、提问反馈、检测反馈、案例分析反馈、师生互评反馈五大种,连通师范生、教师、学校三者。[①] 其次是小单位明确反馈对象,班级内由相应班委专门处理同学提出的师德相关问题,整理后反馈于教师,形成师生互通的处理机制。最后,负责教师给予同学一定建议和方案,再择取具价值意义的反馈提交至学校,以获得最优解,而后校方又将反馈信息归还至同学。最终全部程序固化形成闭环,从而达到提高反馈效率、畅通沟通渠道的效果。

第二,伸筋活络,为渠道内部注入德育问题交流的原生动力。一条畅通的反馈渠道的高耐用度离不开构筑后的使用,重点要关注师范生反馈素养的训练,方能唤醒学习者的内在自省潜力和监督意识。在积累学生课程履历过程中,教师对于反馈问题及时答疑并且予以重视,组织师生间的有效谈话,重视学生同伴合作交流的情感体验。[②] 由此,逐步减弱师范生对德育问题反馈的迷惑性,引导学生走出迷惘并让其更善于针对自身发展的师德问题做出有深度的反思。高校则鼓舞师范生对校反馈体制提出意见,将敢于

---

① 尤丹丹.课堂教学、培养方案反馈机制建设探究[J].教育信息化论坛,2021(6).

② 彭金.如何培养学生的反馈素养[J].现代中小学教育,2022(1).

反馈问题且能提出独到见解方案的师范生作为反馈模范,放宽其获得奖学金的限制条件。班级中营造优良学风,亦能激发师范生自我成长中的问题意识以疏解反馈渠道,做到源头亦有活水来。

第三,"互联"互动,创新中追寻反馈渠道的形式多样化。基于互联网时代的师范生德育教学,已与传统德育教育迥然不同,反馈渠道形式的变化亦然。设立师德监督评价体制、进行师德课堂课后反馈不会拘泥于单一模式化。① 教师充分借助网络"云课堂"实时掌握学生德育发展情况,社交网络平台助力形成更便捷的问题反馈渠道,网络师范生群组匿名评价讨论则于无形中激励学生参与师德问题反馈,教师定期直播宣教打造轻松愉快的教学氛围,种种"云"方案环环相扣形成全新反馈体系。对于学生而言,从激发到疑惑再至反馈,循序渐进,而非囫囵吞枣式粗暴理解、全盘照搬。

2. 学生与学生共济

(1)优秀学生的榜样引领

希腊谚语"模范比教训更有力量",表达了优秀模范对学习者的强烈感染力。师范生在学校的德育实践中免不了横向比较择优,个体在竞争中易受优秀者影响,思考自身师德方向践行正确与否,常常会出现徘徊停滞不前的现象,无法正确认识且追随榜样。各大高校对师范生校内德育培养的态度淡然,自然而然地认为师范生对于教师职业的热爱与认同可不经培养产生,往往忽视师范生的榜样引领教育。② 培养具有师德品质的师范生离不开优秀学生的榜样引领。

以学校为首,构建优秀德育师范生培养外循环。高校促进德育体制的完善,以建构学生层面的循环体系,从而减轻教师与高校外在层次的培养压力。完善体制,首要打通学生间的发展渠道,设立优秀德育标兵,引导师范生由一贯重视课业知识技能转至德育层面大发展。学校创建德育实践平台,从"是什么"到"怎么做",提升师范生内心对德育标兵的认可度,借助校内奖惩体制吸引学生追随。借用教职工年度考评模式,通过校宣传栏、院级公众号平台展现青年优秀学生风采。除却物质奖励,校园内及时开办年度学生表彰大会,为优秀德育师范生设置专门颁奖仪式,形成创先争优的氛围。校内德育氛围的营造激励外部高校联动向前,敦促校内外学生随高校

---

① 王雪萍."互联网+"背景下师范生师德教育的创新与探索[J].食品研究与开发,2020(9).

② 张聪聪.师范生师德教育改革研究[D].济宁:曲阜师范大学,2016.

内的优秀师德者,不断追求自我新高度,在良性循环中进一步提升。

以培养优秀德育示范生为核心,打造在校师范生师德培养的内循环。对于具有优秀师德品质的高校师范生而言,在校内即被要求践行德育发展目标,肩负学校与其余师范生的殷殷期待,而期待会内化为动力,敦促自我朝着更高的道德素质方向发展。通过培养一个德才兼备、时刻跟进的价值主体,树立成功典范指明方向,吸引众多缺乏师德养成意识的师范生找到独特的存在价值。内部驱动环环相扣,引导个体对自身师德的深层次反思,在对比中不断改正缺点。优秀学生在班级组织下,自发上台讲述自身感悟经历,分享成功经验;班集体以榜样为核心设立标准规范,将成功要素化作日常行为准则,驱动内在的自我提升。学生们发挥主观能动性,将高尚师德引领航向,以专业能力作为巩固之基,实现以知行合一构筑价值体系,完成师德内循环。①

新时代背景下,高校师范生的榜样教育具有时代价值和历史内涵,是多元化和个性化的碰撞,亦是内在认同与外化于行的联结。② 优秀榜样的引领,不失为助力师范生德育养成的有效之法。

(2)党员学生的先锋作用

党员学生作为大学生群体中的优秀分子,历经重重考核,个人能力素质被同学们所认可,能够在学风创建方面担负起重任,起到先锋模范作用。在现实的学习生活中,学生党员的存在意义超过学生党员个体本身。党员师范生自身德育的发展不仅让自己更加优秀,还将直接影响众多身边的师范生。另一方面,党员学生自身也存在一些不容忽视的问题,如部分党员学生思想意识尚未稳固,复杂问题解决中存在波动性;学生党员党性修养不高,入党后易松懈不作为,难以发挥带头表率作用;党员师范生往往自顾不暇,忙于自我规划发展,忽视本体身份职责,不被众多师范学生所信赖,渐渐丧失应有的先锋作用。③

融入新时代环境,借党建引领高尚师德之风。师范高校建立"抓党建促德育"的工作长效机制,需由党委组织充分发挥战斗堡垒作用,借优秀党员先锋模范的高标准严要求组织党员学生,在学校充分民主的管理机制中不断锤炼师德品质。最终将党风与学风、教风、校风三者紧密结合,打造具有

① 陈飞.价值主体论视角下高师院校师范生师德养成研究[J].教育探索,2015(7).
② 李汝璇.新时代榜样教育的解析与重塑[J].北华航天工业学院学报,2021,31(6).
③ 张佳.高校服务型学生党组织建设下的党员教育研究[J].公关世界,2021(21).

红色基因的、浑然不同的师德之风。① 党内建设需加强宣传教育,明晰德育思想,规范工作内容,建立责任制度完善权责制定,利用定期例会做好督促指导工作,增强党组织凝聚力和影响力,保障基层党建德育工作有效实施。② 为党员德育先锋作用的发挥提供与新时代师范生所需密切结合的大环境。

掌握党员学生思想实时动态,树立可靠的先锋形象。挖掘党员师范生于朋辈教育中先锋作用的潜力,有助于解决党员学生为人民服务的表率意识不强的问题。党员学生的先进性及其较高的综合文化素质水平已经超脱于普通青年师范生,那么,在大学自由开放的民主式环境中则更需实时关注党员学生思想成长动态。在"大思政"格局下,高校党员党建工作仍需学校辅导员与班主任的协助,将党员发展理论与实践相结合,实现"精准滴灌"。定期开展理想信念教育,帮助党员树立正确价值观,设置党员党史学习课程,举办师范生党员师德养成实践活动,为学校培育厚德载物的优秀党员学生,树立朋辈间杰出师德榜样。③

"德"到人心,党员学生发挥带头作用,培育优良学风。经受师德教化的熏陶与锤炼的师范生党员应发挥其先锋模范作用,带着"己欲立而立人,己欲达而达人"的信念恪守本职,做师德养成中的主心骨,以中流砥柱之姿引领众多师范学生树立师德教育观。兼具师范生党员双重身份,党员学生任重道远。借助党建引领与学风建设,双向驱动鼓励特色团支部建设、党支小组"每日党员"特殊化养成,及时肃清班内不正之风,预防德育失偏现象。党员学生发挥"领头雁效应"带动其余师范生养成德育学风的同时,也有效防止自身官僚主义蔓延。④ 党员学生在校内全心全意为人民服务,勇担社会之职,以奉献姿态表达自我,为家长学校提供更多德才兼备的卓越教师,刻画当代青年党员勇立潮头担大任的时代新人形象。

将德育理念熔铸于青年党员之"魂",以散其"师魄"植根在千千万万的师范生理想信念中,发扬踔厉中坚定中国共产党党员的崇高信仰,灌注红色基因交融于新时代师范生党员立德树人的教育初心。

———————————

① 王春明.党建工作机制加强新建本科院校德育工作[J].中国高等教育,2010(10).

② 黄显超.浅谈强化职校党员在德育工作中的作用及途径[J].江汉石油职工大学学报,2008(1).

③ 郑天仪."大思政"格局下高校学生党员教育管理创新实践[J].北京教育(德育),2021(12).

④ 程银.新媒体视域下高校学生党建引领学风建设的逻辑思路[J].经济研究导刊,2021(12).

（3）学生之间的结对互助

由于高校学生思想发展的成熟化和独立化，个体的自我意识感强，导致联合协作的参与程度弱化。高校内部德育互助模式尚未健全，校级各大学生组织社团凭借其趣味性吸引学生加入，但在活动专业性方面又有所欠缺；大学生朋辈间撇开校院级部门团体外，凭借内在驱动力而自主成立德育互助小组的师范生更是寥寥无几；结对发展的德育意识淡薄，在大数据时代信息更替交错的背景下发展缓慢。学生之间的结对互助可以从组织、个体、平台等方面进行探索和创新。

第一，以成型的团体组织结对进行德育团体辅导。首先，在小单位的寝室团体里，优等生带动后进生实现成员互助，寝室长通过班团活动、文体比赛发掘寝室成员潜力，划分学风优与德育佳两个小阵营，以一对一两者优势互补。建立寝室专属的"德育晴雨表"，每位成员针对近期学习状况，绘制图标反馈，寝室成员易于获悉自身实践进度，对照中获得动力。[①] 其次，班集体内部由班委牵头，对各寝室长提供的发展状况，有针对性地制订班集体学习发展方案，规定方向与活动频次。辅导员担任主要引导人，班长组织总体进展不够理想的寝室小组共同成立德育大组，由具有一定经验的寝室团体进行辅助，为大组安排践行方案。每周进行团体辅导的相关实践并撰写分享报告，开展经验交流会、微课堂、图书推荐会等室内有益活动。

第二，积极自主构建分享小组，学生组织内调改变传统发展模式。高校鼓励学生自主创建校内德育分享小组，内部进行明确分工定位，激发动机刺激合作；自主学习，独立思索后有效讨论；适时引导，最后借助趣味活动，设置趣味奖励，激发探索意识，以提高个体对于德育问题的关注度。[②] 学生组织依据内部成员构成进行改革，将德育养成与素养道德提升纳入组织核心理念中，由具有一定经验的学生骨干发起，形成凝聚核心伙伴并确立项目主旨，明确互助含义并合理分配任务的活动过程，号召小伙伴加入团体之中。[③] 开设素质拓展、志愿公益、校园文明创建等各类活动时，以是否满足核心理念的发展为基准，及时掌握成员思想动态加以指导劝解，统筹安排互助对象，要求成员在活动结束后对自身实践情况进行自测，评估结果提交给指导教师分析评判。

---

① 周琴,程元梅.大学生寝室互助模式下的自我成长[J].才智,2015(2).

② 黄晶晶.有效实现小组互助合作学习的方法[J].教师博览(科研版),2014(5).

③ 黄子涵.高校学生组织育人新模式的实践探索[J].科教文汇(上旬刊),2021(2).

第三,充分运用大数据媒体平台实现互助。在自媒体兴盛发展的时代背景下,师范生可借助社交网络实时互动,传播当今优秀师德个人的典型事例,短期内凝聚成一个非正式伙伴群,邀请往届毕业生组成自媒体小组,分享德育教学自学的成长经验。虽然自媒体的去中心化传播为小组成员结对发展的纯洁性做出挑战,但也为同伴互助的德育范式重构提供可能。① 具有较为完备经验的学习者,可利用微信公众号平台发布文章,推送分享给有需要者查阅参考,借助短视频、云课堂等平台对疑难点进行解答,直播中面对面交流咨询。不具备经验的求学者可通过网络社交平台利用账号咨询,查阅有关文献资料,分享至伙伴群聊进行探讨论述,实现线下线上双层互助。

在如此模式中朋辈的引导和启迪帮助力量下,越来越多师范学生将在"互助—自助—他助"的循环模式中找寻到属于自我的德育发展方法,有效提高心理调适、行为规范、思想政治意识等方面素质。②

3. 班级与学生共进

(1)营造优良班风学风

优良的班风学风是评价班级德育建设工作最重要的标志性条件之一③,党的十九大报告提出"培养担当民族复兴大任的时代新人"这一重大命题,对班集体建设提出了更高要求。班内的学风班风建设与时代新人培养是相辅相成的,班级建设中班规为班级骨架,班风如同肉体,学风便是意识和灵魂之所在,只有三者皆完备方能构成一个有思想有内涵有规矩的班集体。缺乏班风,则难以实践德育,导致班级建设仅停留于空想层面;缺乏学风,则难以认同德育存在的必要性,导致班级建设仅处于原有的师德素养匮乏的意识层面。

第一,凝心聚力,加强党团班一体建设。形成党支部、团支部和班级一体化建设运行机制,以班级建设为主线,党团思想为辅助思想路线。首先,实现思想引领一体化,以"三全育人"为班内党团支部建设核心标准,在"大思政"格局下开设红色文化讲学与专业素质道德培训实践课程;其次,开展标准化组织建设,准确定位班长、团支书等带头人的职能,将党支部书记与

① 邱子桐,徐静,范鸣. 自媒体时代大学生同伴互助的德育范式研究[J]. 连云港师范高等专科学校学报,2017(12).

② 李成瑶. 基于德育视域的大学生朋辈互助教育模式探索[J]. 现代交际,2018(7).

③ 孔令红. 中职学校班级文化建设的思考[J]. 中国教育技术装备,2012(2).

团支部书记融入班级建设,共同整合规范党团班活动,制定统一准则规范。①试行过程中强化马克思主义思想教育,由班集体为单位,适时开展经典读书分享会,研讨马克思主义对师范生未来发展方向的哲学性、实践性意义,完善思政教育课程,为班级发展凝心聚力。

第二,严明班内纪律,打造精良班干队伍。形成一套完备科学的班规体系以稳固班级骨架,同时,日常班级工作需要落细、落小、落实。班级内要充分利用民主制度票选重要班级骨干,明晰各个班委职责并督促其落到实处,在班级班委会及团支部的统筹安排下,将班集体内部事务项目详细划分为生活类、文娱活动类、思想教育类、专业素养类等等,分设主要负责团队进行分管,运用轮班制每月进行更换。班级定期考评检测班委后换届选举,增设德育素质评价环节,锤炼班干部专业能力与德育素质自我提升能力,充分发挥斗争精神和榜样示范引领作用。班级委员定期开展德育教育主题班会,针对近期班风实践活动情况反馈于众,有不足及时改之,无则加勉。

第三,培育班级文化,强化团结互助意识。根据班级团支部特色及成员构成情况,筑建有肉体与灵魂的班集体,形成以德育为重的师范生特色班级文化,以此作为班级学风班风建设的方向指南。尝试套用奖学金等项目评比模式,以学年为单位分出四个阶段,分设四级德育培养目标,难度与培养层次逐年递增,以班级整体为单位参与评判,以促进班级优良学风的养成。师范生在实践中要始终发扬团结友爱精神,并在学习中互帮互助,建立学习小组结对共处,力争上游。同时在生活中相互关怀,及时排解心理问题,解决矛盾。通过举办各色具有教育意义的活动比赛、假期组织团建活动,增强班级凝聚力,激发学生责任感、荣誉感、自豪感。②

(2)健全班级组织制度

班级制度以服务学生成长成才为根本目的。良好的德育学风班风离不开科学严谨的班级组织制度,内部环境井然有序便于打造普遍具有师德品质的师范生班集体。班级建设初期过度模式化的班级组织制度,容易导致班级运行体系僵化,学生参与班级管理的积极性下降。以传统模式选拔出班委,缺乏可靠的群众基础、能力参差不齐且核心领导力缺失。同时班内学生个性化发展要求亦弱化了个体在班集体建设中的主人翁意识,导向性不

---

① 曲翔,彭雪婷.高校班集体建设与培育时代新人研究[J].学校党建与思想教育,2021(21).

② 赵浡彤.从宏观和微观两方面建设高校班级班风学风[J].才智,2017(5).

足与自我感悟的缺失将难以长期维持班集体的组织制度,组织内部的德育氛围更是无从谈起。①

首先,建设初期,设立人本化的班级机构,民主化初步制订组织制度。班级建立初期,分设班级委员会及团支部两大组织部门,班级委员会成员可由固定的多数班委与少量班内每日轮换的师范生组成,将民情民意充分反馈上级的同时达到组内监督的效果,实现互相督促。班级团支部定期召开班团会议,抓好团宣传思想建设与师德培养教育工作,负责团学活动。② 两大班级组织相互配合协作,既要在制订决策前悉心听取建议来制订合理制度,明确责任问责及反馈对象,也要以雷厉风行的态度执行,搭建整体有序的组织框架。

其次,建设中期,拓展对外交流活动,联动外界丰富建设载体。班级整体组织构建离不开班主任协调评判,班主任可联动其他课业教师进行指挥协调,带动班级德育工作"内聚力"发展,在日常规范和考评奖章方面对班内学生及时提出组织建设指导。③ 将组织模式扩大至课外实践,延伸至未来职业场所,组织集体参与教学的备课、讲授、调研过程,明晰工作内容职责后及时更新校内的目标计划;延伸至学校操场,进行一定量的体育锻炼,由体育委员带头规定实训方案,实现智育体能双向共建;延伸至社区服务与公益地点,增添道德层面的荣誉感。④ 在延伸实践中发现班内的组织建设盲区,及时修正步入正轨。

最后,建设末期,设置德育组织建设评估模块,构建完整的监察体制。在班级内现有组织运行模式下进行工作状况和效果的信息收集评价反馈,系统梳理后对学生的道德素质进行综合评判,评估结果在班级公众号公示,从不理想的发展点着手,以学生的个性化需求和接受能力为主要参考,改进组织规范,实现个体能力上的成就感提升,构建以心灵理解包容为内容的德育培养。⑤ 与此同时,在从下至上的过程中采取群众反监督措施,特别针对

① 杨定鹏,刘英仙,聂国东,黄达.高校班级组织建设的重要性及存在的问题[J].辽宁经济管理干部学院(辽宁经济职业技术学院学报),2012(4).
② 刘素萍.高校建设探析[J].天津中德职业技术学院学报,2015(5).
③ 何东燕,张建军.实施德育工作班级负责制的实践与思考[J].安徽农学通报(下半月刊),2011,17(2).
④ 李文斌.班级德育建设策略新探[J].科学咨询(教育科研),2020(1).
⑤ 张鹏.大学班级的"德"育功能建设现状及其模块化管理对策分析[J].前沿,2011(24).

落实计划不到位且有失师范生应具有的品行素养的师范生进行检查指正，让更多同学体验到"存在感"。

（3）积极打造班级文化

著名文学作家毛姆将有价值的文化理解为一种能使人类品性变得高尚、有力的精神产物。随着时代变迁，文化早已超脱过去时代所赋予其的内容层面的含义，义化教育也不再局限于专业素养能力，渐渐地延伸至人类道德品性素质。优秀文化教育的深度挖掘，为新时代背景下的师范生德育养成提供了新的启示。如果个人积极融入班集体中组建的文化创建小型单位，那么便可凭借有价值的班级文化提升班级中个体的德育素养，共促获益，与班级共进营造德育氛围。班级文化缺乏时代性特征，建设过程中套用固有运行模式，鲜少借用新媒体等网络社交互动平台更新发展模式。在基本的思想层面建设中，不具有针对本班级师范生个体所需的个性化方案，甚至在心理倾向和价值取向等内容上，班级缺乏本身的文化内涵来感染师范生，照搬照抄现象日渐严重。①

第一，尊重学生主体性与个体差异点，以"心"沟通。班级文化建设是一个统一的整体，但也不能忽视个体差异。建设中无论是学校教师还是班委，都不能以统一建设的借口抹杀个体个性化需求，应充分体现宽容精神和多元主义精神，在实施过程中渗透德育理念。基于个人不同的价值观与人生观，德育中的问题应具体分析，而后以此为凭据划分个人才能合理区，充分发挥个体贡献在班级文化建设中的最大效益。② 重视学生主体性需求，班级将文化建设打造权下放至个人，组织开展以师德为导向的集体文化活动，在交流中共促，整体过程中不过于依赖明确的规章制度，而是从所需所求所缺的方向出发，用思想引领行动，自觉遵守道德层面的规则。③

第二，注重班内文化的实体化建设，以"形"添彩。重视班级内部布置，体现文化的思想性、艺术性、创造性。首先，让班级精神外显。班内自习教室前侧悬挂集体建设标语，墙上粘贴标有本班学生勉励自我的名人名言便利贴，将班歌、班徽、班训内容融入班级显眼区；其次，文化内容艺术化，或以古色古香的书卷情怀，或以现代科技的智能氛围，结合专业课对口方向，在

---

① 赵曦. 论高校班级文化建设困境及其创新路径[J]. 佳木斯职业学院学报,2021(3).

② 李艳. 班级文化建设在德育工作中的作用[J]. 知识窗(教师版),2018(10).

③ 刘华丽. 谈如何利用班级文化建设助力德育工作[J]. 中华活页文选(教师版),2021(7).

班内打造书卷气息;最后,在建设情感心理文化过程中结合德育内容,充分展现在班级黑板报上,定制专门的班级德育规范小手册,改变班级精神文化氛围。号召班级成员积极参与校内组织的"最美寝室"评选活动,广泛探寻推进班级文化内涵打造的可行性方法。①

第三,多样化模式开展文化活动建设,以"新"创融。改变班级文化构建工作中传统的说教模式,如尝试建立班级的微信公众号,规定班级成员周期制值班,并抛出有关德育培养有效路径等问题,班级成员在微信公众号畅所欲言。以月为单位,每月选取极具价值的议题举办微型班级辩论赛,打造勤勉好学的班级文化。同时,班干部可在老师指导下,组织班级开设网络平台微课程,选拔部分班级成员针对德育教育理念做出讲解,拓宽其余班级成员对德育发展的认知视角。② 教师鼓励学生们多多参与社会实践公益活动,在无私奉献与实践操作中养成高尚的道德品性,及时宣传好人好事,潜移默化中感染每一位师范学子。如此以往,通过对优良班级文化的实践来播撒德育教化的种子,实现班集体文化高质量建设与班级个体德育素养提升双丰收。

(三)德育的终身持守

德育养成是一项长期坚守的工程,师范生需跳出原有的体系制度,将视角提升至教育方式的改进和信念信仰的构筑。师范生应当将师德融入道德观念之中,内化为信仰理念,恪守本职,不断践行师德路径;在教学过程中践行师德艺术,体察学生的情感情绪变化,掌握与学生沟通交流的技巧,做一名有情商、会说话的教师;在生活中面对与师德惯性相冲突的事物时,始终秉持教育初心,以满怀激情的教育斗志在教书育人的实践中越走越远,最终到达德育终生持守的彼岸。

1.师德信仰

(1)师德信仰的意义

古人将能够"传道授业解惑"之人尊为师者,众多满腹学识者便自诩以

① 李军.以班级文化建设为载体的学校德育模式的创新研究[J].当代家庭教育,2022(2).
② 顾黎花.以班级文化建设为引领,开创德育工作新局面[J].启迪与智慧(教育),2019(6).

为师,所谓师者泛泛。现今,教育环境的整体变迁对教师的素质结构要求上升到一个新的高度,以师德为信仰、以师才为基底、为国家的教育事业奉献终身的人民教师方能称作"人类灵魂的伟大工程师"。教育行业中少部分教师缺乏师德信仰,导致个人职业价值观庸俗化,道德责任感低下,自律意识淡薄,无法满怀热忱并对职业抱有崇高的敬畏心,反而自欺欺人地在职业规范的边界上来回弹触试探,令人悲叹,而这一件件令人唏嘘的个例恰恰反显出师德信仰的建立的"预防针"功效。① 对即将踏入教育行业的年青师范生而言,高校求学时师德信仰的建立,深刻影响着师范生对师道的理解与自身未来教育职业生涯的发展。

第一,师德信仰的树立从源头改善现实中突出的师德缺位现状,是高校师德建设的原动力。在高校中,师德具有现实约束性和理想导向性、功利性与非功利性、他律性和自律性相统一的特性,其高于现实又引导现实的特质决定其必须依托信仰的理论本性。因此在信仰的支持下,师德更易化为师范生的自我追求。② 对即将踏入教育行业的年青师范生而言,不坚定的师德信念不足以长期支撑师德育成,师范生在养成师德的过程中由信念强化至信仰,最终在师德信仰的理念坚守下仍保持教育初心,方可越行越远。

第二,师德信仰促进自身师道发展,能够给予为师者师德品质的坚守力量。教师职业本身的先天性决定了只是远离功利的"冷门",并算不得能予人大富大贵的职业,怀有理想的远大抱负的师范生常常被限制在一隅,对职业理解的角度产生了偏差而无法安心勤业敬业。师德信仰对师德培养的重要性也就不言而喻了,信仰之基牢固,则高校师范生便会以正确的态度对待将要从事的职业,能够产生崇高的信念感、成就感和幸福感,在师道之路的探索中找到人生理想,升华道德境界。③ 同样,未来教学中,教师会在教书育人的路程中不断迎接一批批新生,年轻群体生命活力的迸发也会正向反馈给教师,信仰支撑自我发展,随着光阴流逝,师德信仰之基愈加坚固,也就愈能显现师德坚守的价值。

第三,师德信仰让教师"走入凡尘",营造社会尊师重道之风。师德信仰的建立多方位扼杀了师范生思想层次转变的其他可能,从而以最大限度奉

① 杨连俊,姜建成.牢固确立新时代师德建设的信仰之基[J].江苏高教,2021(3).
② 吴国友.师德信仰:高校师德建设的几点思考[J].高教论坛,2013(4).
③ 宋振美.师德建设视域下高校青年教师的职业信仰与教育[J].教育教学论坛,2010(5).

献自我,恪尽职守,真正走入凡尘。东北师范大学教授刘晓明曾访问几位著名成功人士,问他们的成功影响最大的老师是谁,又教会了他们哪些道理,他们只道是教师所教授的做人道理,自身坚守的品质人格深深影响着他们。一名真正的好教师,不仅仅需要将自己的所学教授学生,更应借助个人在传道授业中的师德魅力,用诚实善良的个人品格与工作中一丝不苟的、坚持不懈的敬业精神进行包装,潜移默化影响学生。[①] 建立师德信仰,只有当观念的高度上升至信仰层面时,教师才能走下神坛,教师的社会价值意义方能彰显。

在师德信仰的感化下,教师将真正的师道传授学生,授之以渔而非授之以鱼,用真诚的教化塑造学生的优良品格,学生感悟教师良苦用心而由衷敬佩、爱戴教师,践行"尊师重道"四字的基本内涵。教师亦能在教书育人的实践中为社会培育出一批批诚实正直、勇立潮头、积极进取的时代青年。

(2)建立师德信仰的方法

第一,稳固专业素养之基,为师德信仰的养成提供宽阔空间。正如经济基础决定上层建筑,生产力决定生产关系,师范生师德养成如若抛开教师专业素养而言就是纯粹的空想主义。师德信仰之花应培育在肥沃、有营养的专业能力土壤之中,在人体营造的温室环境中茁壮成长。所谓"学高为师,身正为范",教师最基本的功能首先是传授知识,因此教师职业素养在教书育人的师道中不可或缺。在信息化时代,即使教师普遍学历要求已达标,但每隔一段时间知识便会老化枯竭,就需要师范生不断更新、与时俱进,跟随时代发展调整步伐。师范生在校学习过程中要注重培养专业知识能力,入校初期练好三笔字,扎实教学基本功,提前熟悉将来对口学阶学科的课程相关知识与结构,掌握基本的教育教学方法。入校中后期在实习阶段教学经验初步积累下,灵活运用课业知识至未来的课堂教学,从而将一般理论个性化具体化,结合当下需求学习先进的教育教学技术。[②] 在校期间参加教育技能大赛丰富经验,重视普通专业课和德育课程的学习,在课下阅读专业性强的教育导论和科普性图书,提升专业素养水平,打造坚实地基。

第二,加强师德信仰教育,优化校内师范生师德成长环境。在师德信仰构建过程中,除将师道纳入德育教育外,还应构建道德教育,将各种教师礼

---

① 王木森. 师德建设的意义及实施策略[J].教师博览,2021(8).

② 董菁,戚跃华. 高校师德建设障碍与教师职业信仰内容研究[J].吕梁教育学院学报,2014(12).

仪放置在教师师德建构中,以神圣感和价值感来激励学生师德意识的自我强化。① 校内铺设实践课程,举办教师技能素质拓展活动,而非从单一宣教的层面引导学生师德素养的提升,在实践中形成无形的自我约束精神力量,促使师范生萌发师德意识。高校需着力打造良好的师德师风大环境,充分发挥各类网络新媒体在师德宣传中的作用,宣传"最美教师"的典型事例,树立师德楷模,全面公开本校师范生教师的奖惩制度,让在校师范生切身感受到师德信仰养成的重要意义,借此形式指引正确师德方向。

第三,广泛吸纳理论教育精髓,真正感悟信仰对于师德的意义。在校期间,师范生应加强理论学习,提高政治思想和觉悟,深刻理解马克思主义原理与毛泽东理论概念,通过党史学习将生生不息、永垂不朽的红色基因灌注自身思想信念中,塑造教师所应拥有的高尚思想品格。一是恪尽职守,培育自身爱岗敬业的精神。师范生在党的教育方针政策下热爱党的教育事业,忠诚党的教育理念,始终以诲人不倦的精神面对未来的教育对象,明确自我定位并矢志不渝地坚持到底。二是虚怀若谷,养成高尚的道德情操。师范生针对自身不足自我反省的同时多多向他人学习,善于寻探朋辈中拥有高尚师德素质操守的师范生并勤勉向学,与之共进,树立终身学习观念。② 师范生不论在求学还是教学过程中都以"活到老,学到老"的姿态奋斗终生,那么师德信仰便也就长久地筑建于心了。

(3)强化师德信仰的路径

师道之路往往难且艰,师范生在面临师德信仰建立要求时常常因无所适从,从而造成落实不到位、职业信仰构筑意识淡薄、建立信仰过程中认知不够而中途放弃等问题。强迫性的师德领悟与德育素养的有意培养无疑会推进师范生师德信念筑建,但一旦缺失外界助力的"发动机",薄弱信念便会日渐坍塌。师范生师德信仰的建立必是由外而内,由信念至信仰步步促成的,这些要靠强化师德信仰来助力信仰建设。

第一,不断实践师德信仰,借助各种社会活动方式来提升自身师德水平。实践出真知,真知促改进。在师德素质培养的过程中,注重将信仰理念融入发展方向。学生借助校园内微格教室与口语训练教师进行模拟课程演练,钻研具德育教育意义的教案,寻找同伴完善师德信仰建设。班集体中分

---

① 刘晓鹤.新常态下高校师德信仰的反思与建设研究[J].长江丛刊,2017(1).

② 陈澍.谈高校教师师德修养的现实意义及途径[J].牡丹江师范学院学报(哲学社会科学版),2005(8).

化出德育保持者与德育退化者,对于退化者及时询问原因,在践行师德培育的过程中放宽结果要求,注重养成过程,德育保持者则可充当"小老师"的角色,辅助需要的同学。设置侧重于师范生德育养成的实践活动,举办教育技能创新大赛、优秀德育者微电影观看活动、有关师德自评与实践方向的宣讲小课堂、先进德育思想内容的有奖竞猜活动,不断提高活动所需的师德信仰高度,确立层级规范,制定德育素养测试量表,敦促学生反复实践师德信仰。

第二,建立高校制度化师德培育模式,针对师德信仰建立情况设置督查小组。借鉴医疗行业的医学生规培制度,普通师范生也应在正式工作前进行涉及师德教育、师德师风培育、师德信仰建立的规定培训,培训完成后方具有实际入校任职育人的条件。未来教师立德树人,自身德才可靠,师德信仰实实在在扎根心中才方能培育好祖国的花朵。为了避免师德信仰塑造中因各种问题造成深入层次过浅的现象发生,需将各类培育师范生师德信仰的模式制度化,在实行师德信仰建立的方法中,选取具有实际意义、可成为定制的模式归入师德养成制度。同时,随机组建由部分教师和学生组成的师德督查小组动态监察,抓紧制度考核,以制度约束人,为师德信仰强化深入掌好舵、导好航,采取教育技能和师德素养"双考核制"并因需而变丰富考核形式,订立激励制度。[①]

第三,时刻关注师德信仰变化动态,由外在感染转变为内在驱动。师范生师德信仰的建立不仅只是学校教师所追求的目标,更应该是自身感悟不断累积乃至成功建立的漫长过程。感知达到筑建一定程度的师德信念后,师范生应减弱外界对内心的不良干扰,在最终完善出一套独一无二的信仰建立制度后及时记录,浏览含师德理念的论文、著作,提高师德信仰思考专注度,减少自我师德省察时网络、人际关系的干扰。学生本体从他律向自律逐步改进的过程中,客观规范会内化为主观信念,可通过教师外在道德规范的依从、对师德规范的认同和内化、师德习惯的养成三步养成模式来定型,遵循"认同—内化—习惯"的轨迹发展,形成"师德信仰完全自如施展于所处校内环境中,师范生在实践师德信仰中重新认可自我,借助外部环境又浇筑信仰之基"的个体发展循环套式。[②]

---

① 王亚军,张艳.强化师德师风建设,促进教育事业发展[J].科技创新导报,2014(6).

② 张大军,刘衍玲.师德建设的关键:促进从他律向自律的转化[J].教师发展研究,2017(3).

2. 师德艺术

(1)师德讲究艺术的缘由

教师是学生应对学习压力和成长困惑过程中最重要的引路人,在教学过程和对学生的管理过程中,教师要积极关注学生成长,及时艺术地化解学生成长与学习中遇到的矛盾,运用"艺术化"教育,实现师生的共同成长。如果说教育是世界上最光辉的事业,那么师德就是教育的光辉;如果说教师是塑造人类灵魂的工程师,那么师德就是教师的灵魂。师德是每个教师都应当具备的职业素养和道德品行,它是教师自觉履行社会责任、承担社会义务的重要保证,同时也是衡量教师事业责任心、社会责任感的重要标准之一。由此可见师德对教师的重要性,但是仅仅具有师德是不够的,更重要的是要学会艺术化地运用师德。

什么是师德艺术,我们可以把它理解为一种坚守师德的技巧和情商,学会有效展现师德但又保护好自己的方法。对于一个人来说,情商是一种基本生存能力。1995年,美国《纽约时报》专栏作家、心理学家丹尼尔·戈尔曼在其风靡世界的《情感智商》一书中指出,在事业取得成功的过程中,智商作用只占20%,而情商作用却占到了80%,良好的情商是获得职场成功的基本素质。对于教师来说,师德的艺术表现就相当于情商。

第一,可以提高教师与学生交际的能力,促进师生间有效地沟通和交流,艺术化地化解学生的矛盾。学生在学习成长过程中,总是不可避免地发生各种各样的矛盾,需要老师去解决。有些老师会直接按照自己的是非判断和价值判断标准,对矛盾进行自认为正确但是比较武断的方式解决,可能会引起学生们的不满。那么,如何运用师德艺术来解决矛盾呢?首先,必须要做到公平地对待,不徇私,不偏袒任何一方,做到让每一位学生都得到尊重,这是最基本的师德讲究艺术的体现;其次,教师可以根据过往经验,合理使用各种解决问题的技巧,在他们可以接受的情况下,艺术化地化解学生的矛盾,也不会引起任何一方的不满。

第二,可以更有效地展现自己的德育素养,同时又能保护好自己。有的父母对孩子有求必应,造成他们过分以自我为中心,不考虑他人感受,有的父母不分是非地支持自己的孩子,甚至对教师产生不满。当这一类孩子出现问题时,会对他人的数落和批评非常敏感。在这种情况下,以一种更委婉的方式,寻找一个适当的切入点来展开批评交流的话题,用较温和而非严厉的语言、适当的理解和肯定的眼神等批评教育的细节来改变原本批评、指责、说教的方式往往可以达到事半功倍的效果,这就是师德讲究艺术的体现。

(2)师德讲究艺术的路径

第一,师范生要学会控制自己的情绪,在遇到麻烦事的时候保持镇定,不乱阵脚;当面对他人的批评和质疑时,要学会控制心中的怒火,用理智去对待外界;当巨大压力来临时,也要学会用淡泊的心境去从容面对。教师的情绪变化会对课堂教学效果和学生身心健康产生积极或者消极的影响,经常性地发脾气、愁眉苦脸会使学生感到沉闷与压抑。教师从教生涯中,不可避免会碰见使自己头疼的学生,在教学过程中,一定要学会控制自己的情绪,不带情绪入课堂,减少自己的情绪对学生造成的影响。可以使用一些控制自己情绪的小方法,例如在进入教室前进行心理暗示:学生们都是乖巧可爱的,要微笑着面对他们,犯些小错误也可以理解,要以宽容之心对待学生的过错。

第二,师范生应学会"说话"。这里的说话并不是指字面意思上的语言表达,而是一种说话技巧,一种艺术的语言表达方式。教师以口头语言为主要方式来向学生传授知识,因此教师说话的艺术极其重要。有个故事名为《只有你能发现我的错误》,讲述的是一个平时很严格的老师在课堂上犯了一个小错误,只有一位学生发现了,这位学生为了发泄平时的积怨,想让老师当众出丑,而老师认真地回答:"只有你能发现我的错误,其他同学都在睡觉吗?"并对这位同学进行了表扬,这位同学得到表扬也非常高兴。这,就是说话的艺术,没有想象中的恼羞成怒、批评指责,仅用一句话就化解了尴尬,也得到了学生的尊敬。

第三,要学会正确认识自己,做自己有把握的事。在学生面前,教师需要树立一定的权威,才能使学生发自内心接受老师的教学和指导,缺乏权威,容易造成教学过程中的无序与混乱。在正确认识自我的基础上,师范生应当广泛学习,提高人文修养和教育专业技能,提高教学质量,以此来引导学生对自己尊重、信任和爱戴,引导学生健康、正面地发展。同时,也要学会激励自己,当遭遇挫折、陷入事业瓶颈或人生低潮时,情商高的人会鼓励自己继续前进,告诉自己要站起来,未来还有机会。教师也是如此,在未来的教学过程中,不可避免地会遭遇不顺、挫折,师范生应当学会激励自己,保持对未来的希望。例如在教学过程中,学生提出的问题教师无法解答,不能对自己丧失信心,或者觉得丢了面子,应当真诚地告诉学生一时无法回答,在课后查询资料后再作解答,这样不仅可以保护他们的求知欲,也为他们树立了诚实的榜样。

（3）师德艺术能力的训练

正如学习过程一样，师德艺术的培养也是一个漫长的过程，需要长期的训练和积累，并非一朝一夕就能达成。因此，教师要提高师德艺术，必须经过长期、有效的训练。

针对情绪控制方面的问题，师范生应认真学习教师心理课程和心理健康课程，掌握基础的心理学知识，学会情绪的自我控制。例如，通过学习来了解自己的性格是内向型还是外向型，选择适合自己的"充电方式"，从而达成对情绪的自我控制；学会自我暗示，在情绪低落时给自己输送积极的信号，或使用"冷静""三思而后行""制怒""镇定"等词来暗示自己，以此来调整自己的心态，改变自己的情绪；采用注意力转移的方法，在愤怒或情绪低落时，打开自己喜欢的音乐或欣赏美丽的风景，来平复自己的情绪。

针对教师语言表达能力方面的问题，师范生要正确认识口语表达能力的重要性，勤加练习，在日常生活中注意自己的说话方式，学会用艺术性的技巧来表达想法，加强口头表达能力的训练，如积极参加演讲比赛、辩论赛等锻炼口才的赛事；要勤于读书、善于积累，从阅读中进行语言素材的积累。语言的丰富性和合理性都可以通过阅读提高，正如苏霍姆林斯基所说的，只有当教师的知识视野比学校教材大纲宽泛得无可比拟的时候，教师才能成为教育过程中的真正能手、艺术家和诗人。[①]

针对自我认知和自我调整方面的问题，师范生应认真学习大学生职业规划课程，可以通过真实完成霍兰德职业测试、MBTI职业性格测试、舒伯职业价值观测试等测试，强化对自己的了解和认知，加强情绪管理，深刻认识到情绪管理对于化解压力的重要性。同时，要积极参加校园社会实践活动，锻炼提高自己的社交能力、组织管理能力以及处理突发事件的能力，为日后的班级管理工作做出相应的准备。

3.师德惯性

（1）师德惯性的意义

德性是指道德品性、人格品质，教师的德性就是我们所说的师德。习惯是指积久养成的生活方式，指逐渐养成而不易改变的行为。师德是教育工

---

① 李响,曹丽.终身教育视域下开放教育教师师德及其内涵研究[J].吉林广播电视大学学报,2018(8).

作者在从事教育活动中必须遵守的一项道德规范和行为准则，良好的师德会指导教师的行动，使他们明白什么是身为教师应该做的，什么是不应当做的，由此可见师德的重要性，让良好的教师道德品性成为一种习惯，教师对师德的坚守也会更加坚定。

第一，有利于增强教师对教育工作的责任感，满怀热情投入工作当中，有助于事业的长久发展。教师的师德体现在教师从事教育活动的态度和行为，爱岗敬业是教师师德的重要体现之一，良好的师德习惯有利于教师牢记自身教书育人的神圣职责，增强教师对教育工作的责任感，志存高远，积极投入教育事业，并在教育实践中履行好自己的光荣职责。

第二，有利于教师自觉规范自身行为，遵守各项规章制度，成为学生们的好榜样。教师的一言一行、一举一动都会潜移默化地对学生造成影响，学生从教师身上学到的不仅仅有理论知识，还有种种为人处世的道理。教师只有在思想政治、道德修养方面以身作则，树立良好的形象和典范，才能给学生带去积极正面的影响。教师将师德内化于心，养成良好的师德习惯，让师德体现在自己的一举一动中，规范自身的行为，会给学生带去正面的导向作用，促进学生全面发展、健康成长。

第三，有利于提高教师自身的道德素养，易于得到学生们的尊重，与学生和谐相处、共同成长。师德是教师应当具备的道德素质，良好师德习惯的养成有利于教师自身道德素养的提高。师德素养内化于心，外化于行，师德习惯的养成也会体现在教师的言行举止之中，让学生们感受到教师的师德素养，有利于得到学生们的尊重和敬佩，师生关系和谐，共同成长。

（2）师德惯性的养成

第一，培养教师应具备的基本素养。具体而言，有学而不厌的终身学习精神、诲人不倦的终身服务意识和因材施教的终身培养意识。师德习惯的养成，贵在每日师德操守的积累与沉淀。师范生要在好学不倦的过程中，潜心钻研教育专业发展与教师教育技能的可学习路径，结合自身情况，夯实专业知识技能，在与时代共进的步伐中学而不厌，反复实践求真。始终秉持教书育人的初心，在校实践或是工作实习期间都以服务对象为重，常常倾听，时时思考。借助师德信仰将师德化为自然习惯，在校内观察教师的教学策略以及对班内同学因材施教的方式方法，询问同班同学课程感受以及对教师师德的看法，设计调查问卷扩大范围面，养成对师德实践方案的不断探寻意识。

第二，充分理解师德概念，将师德内在层次的意义扩展至外并形成习惯。要养成良好的师德习惯，最根本的就是要准确掌握师德的概念。师范生应当在学习过程中不断加深对师德的理解,真正的师德并不是停留在口头上的一种形式主义,而是要落实到行动上的行为规范。师范生应仔细阅读教育部颁发的教师职业道德规范,从专业角度理解师德概念、师德表现,以此为参考,在教学活动中进行实践,突破停留在表面的师德规范意识,将师德从书本上、规范里搬离出来,将师德内化于心,外化于行。坚持师德为先,积极践行于教育教学活动中,通过不断的实践,将师德从内在层次的意义扩展到外在行动中,并最终养成良好的师德习惯。

(3)惯性的冲突解决

师德惯性的养成是师德德性自律的习惯过程。对于师范生自身发展而言,在走向合格教师的道路上,师德习惯是牵引发展的重要推手,亦是师德品性培育实践中优良意志品质的产物。但是,在师范生日常生活中有许多从属于生活的惯性时常干扰师德习惯的养成。用平常心看待,以同理心化解,站在"习惯"本身的角度去思考问题产生的原因,便能以正确的方式化解师德习惯与其余日常惯性的冲突。

第一,探寻师德习惯与其他惯性产生冲突的原因。师德习惯通常是在有意培养下而造就的,融合了自身对于师德理念的理解,属于大有裨益的促进性习惯,在一定情势下促进个体自身发展。而日常生活中掺杂的,首先往往是生活中自然就有的客观性物质惯性,其次是不具有刻意养成意识、无意造就的主观性精神惯性,多重汇集便为日常生活的惯性。那么,二者之间的冲突便是由于习惯本体在生活方式、处事态度、看待问题的眼光的偏差造成的,着重分析每次可能产生的冲突,需要及时转变思想观念,站在习惯本身的角度去认识自我,从而找寻到矛盾产生点。

第二,带着问题意识看待可能性冲突,分析冲突多样性,防治结合。在探明矛盾冲突点之后,尝试从矛盾冲突点出发,利用发散性思维以点带面,分析更多可能造成冲突的途径。传统处理冲突的方式以回避策略、迁就策略、竞争策略、妥协策略为主,这在处理习惯层面的冲突中同样适用。首先对不必要冲突或是解决中耗费大量时间、精力的冲突采取回避策略,回避不解决,等待矛盾的内部消解;其次面对能对个体生活产生较大影响的惯性,采取比较策略,侧重分析对于个体本心而言,二者当中谁更值得被选择。再次,对于与师德习惯势均力敌的惯性加以保留观察,在冲突发生后联系当下现实利益和自身长远发展的实际,衡量二者权重解决问题。最后,将日常影响不大的惯性向师德习惯妥协,使之从属于师德习惯,解决对立状态。

第三,回归现实,审视师德习惯对教育工作者的重要意义。对于师范生而言,无论是在高校学习的当下还是从职任教的未来,不可避免地会在生活中遇到师德习惯与其他生活惯性的各类矛盾冲突,但个体本身作为担当社会人才培育重任的人民教师,应始终恪守育人初心。当冲突产生时,最大限度地保证师德习惯的长存,将师德习惯作为矛盾处理中的利益偏袒方。每当矛盾化解后重新回顾解决过程,探寻形成冲突的根本原因,并从能够形成冲突的各种影响因素出发解决,从源头预防,尽量避免二者间可能性的冲突。

第三章　社会层面的实效路径

（一）重构尊师重道的社会风尚

我国历来有尊师重教的优良传统，有许多关于尊师重教的典故记载。尊师重教自古是中华民族的传统美德，教师是教育的第一资源，是提高国民素质和培养国家人才的主要力量。把握这个关键，必须要重构尊师重教的社会风尚。

1. 政策指示

（1）科教兴国战略

1995 年 5 月，中共中央、国务院颁布《关于加速科学技术进步的决定》，提倡科教兴国战略。科教兴国战略是指全面落实科学技术是第一生产力的思想，以教育为本，把加速科技进步放在经济发展的关键地位，使经济建设转到依靠科技进步和提高劳动者素质的轨道上来。

科教兴国战略使得教师的作用更加突出。现今世界各国进行综合国力的较量，实质上是人才的竞争。国家一直非常重视教育的发展，在科学技术是第一生产力思想的指导下，提出科教兴国战略，坚持教育为本。教师是提高人们精神文明建设水平、培养高素质人才的关键，这使得人们更加重视教育、尊重教师，形成尊师重道的思想。

科教兴国政策的实行引导人们尊重教师、重视教育。尊重教师是社会文明的标志，是尊重劳动、尊重知识、尊重人才的具体体现，突出了教师职业的重要性。实施科教兴国有助于营造积极良好的社会氛围,在全社会弘扬、形成尊师重教的良好风尚。

（2）深化教育改革

自从恢复高考以来,教育问题始终是全党的心头大事,教育改革一直是进行时。现如今,科学技术迅猛发展,各国综合国力的较量日趋激烈,而综合国力取决于人才的质量和数量。我国政治经济体制在改革开放以来发生了重大变化,变革了生产方式,人们的生活水平不断上升。但面对新形势,我国的教育仍需改革。以邓小平理论为指导,深化教育改革,为实施科教兴国战略打下坚实的人才和知识基础。为了能培育有利于新时代社会主义建设的新青年,传承优良文化,促进社会进步,深化教育改革是非常必要的。

党的十八大以来,在科教兴国这一大政策下,政府提出深化教育改革,优先发展教育方针政策,健全立德树人落实机制,坚决克服唯分数、唯升学的旧观念。要求学生德智体美劳全面发展,要适应时代要求,也要发展个性。

教师是培养学生的重要导师,担负着青少年成长成才的责任。教师身负沉重的责任感和使命感,既要教育学生增长见识、丰富学识,又要引导学生树立共产主义远大理想和中国特色社会主义共同理想,增强学生的中国特色社会主义道路自信、理论自信、制度自信、文化自信,以培养社会主义事业的建设者和接班人。

（3）加强待遇保障

2018年1月,中共中央国务院下发的《关于全面深化新时代教师队伍建设改革的意见》指出,"把提高教师地位待遇作为真招实招,增强教师职业吸引力",强调"各级政府要将教师队伍建设作为教育投入重点予以优先保障,完善支出保障机制"。想要办好人民满意的教育,应建立一支优秀的教师队伍,而加强教师们的待遇保障有助于吸引更多优秀人才从事教师行业。

综观我国目前的教师待遇,主要存在以下三点问题:第一,由于目前国内教师编制人数较多,教师的待遇未能实现与公务员相当。缺少了职业吸引力,许多一流人才选择了金融等付出回报比更高的行业,而不是教育行业。第二,农村教师待遇低于城市教师。就浙江省而言,根据《关于实行农村教师任教津贴的通知》文件规定,从2008年1月1日起对农村义务教育学校从事教学管理的教师按农村任教年限与职称岗位等级的标准实行农村任教津贴。而事实上,这一待遇政策只实行了一年,后来形同虚设。第三,教师津贴标准未能随生活成本上升而增加。直到现在,教龄补贴标准仍是3

到 20 元,低水平的教龄补贴也是导致教师工资水平较低的原因之一。

让教师持续拥有教育情怀的前提是良好的报酬。正所谓"物质少了,情怀也就淡了",教师是食人间烟火的。教师是一个特殊的职业,这个职业要求教师本身要有知识、有文化,教育对象的复杂和多变,需要教师因材施教。教师付出多,理应得到更多回报。如果工资水平总体过低,会影响教师专心工作。有的老师因为赚钱少,选择去辅导机构兼职,不专心教学。因而,提高教师待遇后,可以让教师安心教学,以薪养教。同时,待遇好会吸引优秀人才投身教育行业,有利于教师队伍的稳定,促进教师对自身育人能力的提升,从而提升教育总体质量,实现人民满意的教育。加强待遇保障也是从物质层面体现对教师群体的关怀,是教师应有地位的体现,有利于重构尊师重教的社会风尚。

从教师发展、教育提质上看,加强教师待遇保障刻不容缓。而营造尊师重教的社会风尚,不仅是教师待遇要补齐短板,也需要在舆论引导上下足功夫,使教师得到尊重和关怀。

2. 舆论引导

舆论是反映群众针对现实社会形成的大体一致的社会问题、看法、利益诉求、情感等,反映了群众的价值观和利益诉求,在各大媒介中传播、快速扩散,能够对有关的社会现状、问题和发展产生影响。[①] 重构尊师重道的社会风尚除了政策制度的保障,还应注重社会舆论的引导。社会舆论对教育的观念看法,对能否形成尊师重教的氛围有重大影响。所以,要进行正确的舆论引导,提高人们对教师职业的认同感,有利于形成尊师重道的社会风尚。

（1）传播师德文化

教师的师德师风是学生成长过程中的助推器,直接影响着学生的成长成才,具有重大而深远的意义。新媒体时代,将师德文化与新媒体相结合,挖掘优秀师德师风建设中的先进事例,传播优秀师德文化,对培养学生正确的世界观、价值观和人生观具有重大意义。现如今,优秀的师德文化依靠网络媒体进行宣传,依据人们对信息的接受偏好和上网习惯,将师德文化事迹借助网络的力量传播,引导正确的网络舆论,形成积极的尊师重教氛围。

对此,积极探索传播途径和方式方法有助于人们更好地了解师德文化。一是加大师德师风的宣传。运用大众普遍接受和喜爱的学习、娱乐、社交等

---

① 刘春波.舆论引导论[D].武汉:武汉大学,2013.

方式宣传先进教师事迹,大力宣传教师的优秀作风和教授方法。二是可以拍摄以师德为主题的音频、视频、纪录片,创作关于师风的作品,促使人们正确认识教师工作的过程,了解教师的重要和特殊,深化人们对尊师重教的概念。三是积极探索网络传播途径,如微信公众号、微博、小红书等,及时更新宣传内容,内容要贴合实际,文字优美,吸引人们阅览。

传播师德文化,有助于学生了解教师的重要性,由内而外地尊重教师,形成尊师重教的良好风尚。

(2)宣传正面典型

现今,互联网的发展改变了消息的传播方式,加快了消息的传播速度,网络媒体变成舆论传播的主力。对于教育行业,负面的舆论会对社会造成不良影响。在传播过程中,个别教师的不当行为会被快速传播、放大,引发社会的关注。人们会特别关注少数教师的恶性事件,从而造成教师的形象受损。有的新闻媒体为了博眼球,唯恐天下不乱,片面报道事件的经过,夸大其词,人们会以偏概全地认为所有教师都是这样,戴上有色眼镜看待教育行业,教师形象被丑化。

宣传教师的正面形象有助于提升人们对教师的美誉度。树立先进模范典型,推动模范典型在教育行业全覆盖,教师可以以先进模范为榜样,不断提高职业能力和素质,实现先进教师不断涌现的循环。同时也意味着提高先进典型的知名度,增加人们对教师的赞美,有助于巩固教师在人们心中的美好形象。

自古以来,教师被人们赋予了蜡烛、园丁等无私奉献的形象,教师的社会地位也很高,但随着媒体对个别教师侵害学生行为的大肆宣扬,舆论的消极导向冲击着人们的观念,人们不再认为教师是无私奉献的,教师的形象牵连受损。所以应该大力宣传教师的正面典型事例,特别是备受关注的从事中小学教育事业的教师典型。宣传正面典型可以纠正、改变人们心中对教师的不当看法,有利于教师尊严的建立和巩固,引导教育环境的积极变化,营造良好的社会氛围,让尊师重道蔚然成风。

(3)加强舆论监督

在如今这个网络发达的时代,社会舆论不但能够轻易产生,而且影响范围更广。教师既是"学为人师,行为世范"的师者,也是一个普通且平凡的劳动者,职业的复杂性使他们承担了很多无形的压力,付出了旁人难以衡量的劳动。舆论对教师有高要求和高期望,也应回应理解和关心。如何有效地加强舆论监督,使教师感受到温暖,我认为有以下三点。

第一,政府完善舆论监督制度。在网络上,一条负面微博和匿名网友的评论就可能给教师造成巨大伤害,因为即使是虚构的内容也有人相信。网络好像法外之地,在上面发言不需要负责任。对此,教育部出台了《关于加强和改进新时代师德师风建设的意见》,其中明确指出:"通过网络对教师进行诽谤、恶意炒作等行为,有关部门要高度重视,从严处理,构成违法犯罪的,依法追究相应责任。学校及教育部门应为教师维护合法权益提供必要的法律等方面支持。"①加强对舆论的监管,告诉了人们要认真思考,谨慎发言,有助于保护教育行业的纯净,维护教师的社会地位和尊严,重塑教师的专业形象,使教师感受到自身教育落实带来的职业成就感和幸福感,维护了教师的专业权威,尊师重教的传统也得以在良好的舆论环境中延续。

第二,新媒体及时引导舆论。当一些有师德争议的案例出现时,个别媒体为了提高关注度,会引导舆论向着不利于教师的方面发展。网络媒体及时了解并公布事实,有错即罚,没错澄清,将这些案例控制在就事论事的范围,人们不扩大到全体教师行业。加强对社会舆论的监督力度,积极宣传相关内容,提高社会舆论监督的主动性。降低这些事例引发不良舆情的概率,宣传正确的师德文化,营造尊师重教的社会氛围。

第三,发挥社会舆论监督的作用。在古代,从孔子的私学兴起到学校教育的逐渐完善,再到蒙学在民间的发展,都能体现出社会对维持尊师重教的重视程度。而社会又是舆论产生的主要场所,必然对尊师重道这一观念的延续有着重大影响。我们要积极利用社会舆论的监督作用,约束人们不尊重教师的行为,引导人们重视教育、尊重教师,从而有效地引导社会对教师的认同感,营造尊师重教的良好氛围。

舆论引导注重传播师德文化、宣传正面典型、加强舆论监督,用符合时代特点的舆论方式来诠释"道之所存,师之所存"②,有助于重构尊师重教的社会新风尚。

3. 法律规范

教育的法律以法律条文的形式明确告知教育从业者们,什么是可以做的,什么是不可以做的,同时也明确了教师承担实施素质教育的重大使命。法律的颁布有助于规范教育行为,确立教师教育工作的标准,有助于人们重

---

① 教育部等七部门印发《关于加强和改进新时代师德师风建设的意见》[EB/OL]. http://www.moe.gov.cn/srcsite/A10/s7002/201912/t20191213_411946.html,2019-12-06.

② 韩愈《师说》。

视教育。法律规范对构建尊师重道的社会风尚的作用,可以归纳为以下三点。

(1)尊师重教放在首位

"任何立法文本都有一个中心轴,发挥提纲挈领的作用。"①就目前我国教育法律而言,《教师法》不仅是第一部将教师放在中心的法律,也是保障教师权益的基本立法。

第一,提高教师门槛。《教师法》的第十一条详细列举了取得教师资格应当具备的相应学历条件。提高教师的入职学历,有助于优秀的毕业生加入教育行业,为教师队伍带来新鲜血液,改变以前教师队伍整体学历不高的局面,提高教师质量。新教师的授课方法会更适应学生的需求,学生的学习积极性可以得到相应的提升。

第二,提高教师待遇。《教师法》第六章的第二十五条指出,教师的平均工资水平应当不低于或者高于国家公务员的平均工资水平,并逐步提高。此外,还规定要建立正常晋级增薪制度。提高教师待遇可以让教师安心教学,避免课外补课等行为。同时,提高教师待遇也是教师地位的体现,有利于人们改正认为教师"吃力不讨好"的观念,端正教师的社会地位。

第三,提高教师奖励制度。《教师法》第七章提出:"教师在教育教学、培养人才、科学研究、教学改革、学校建设、社会服务、勤工俭学等方面成绩优异的,由所在学校予以表彰、奖励。国务院和地方各级人民政府及其有关部门对有突出贡献的教师,应当予以表彰、奖励。对有重大贡献的教师,依照国家有关规定授予荣誉称号。"②建立教师的荣誉表彰体系,有利于提高教师的社会声望,发挥正面的引领作用,形成尊师重教的社会风尚。

(2)加强教师队伍建设

目前我国的教育仍以应试教育为主,教师将课本中的知识点教给学生,学生的成绩上升就是教师的教育有方。因为无法改善家长迫切只想要好成绩的心,越来越多出色的富有创造力和有能力的教师对这种教育感到心灰意冷,长此以往,教师职业素养也会削弱。现今,中国特色社会主义建设迎

---

① 《关于全面深化新时代教师队伍建设改革的意见》《关于深化教育教学改革全面提高义务教育质量的意见》等纲领性文件都对教师队伍建设提出了具体要求,其中教师权益保障被摆在突出重要的位置,为《教师法》修订也提供了方向指引。

② 中华人民共和国教师法[EB/OL]http://www.gov.cn/banshi/2005-05/25/content_937.htm,2005-05-25.

来了新阶段,我国的主要矛盾转变为人民日益增长的美好生活的需要和不平衡不充分的发展之间的矛盾,人们对美好生活的向往中自然也包括了对高质量教育的需求。中共中央、国务院印发的《关于全面深化新时代教师队伍建设改革的意见》中指出:"全面深化新时代教师队伍建设,要贯彻党的教育方针,坚持社会主义办学方向,落实立德树人根本任务,遵循教育规律和教师成长规律,加强师德师风建设,培养高素质教师队伍。"①从中可知,加强教师队伍建设可从师风师德和培养高素质教师方面着手。

第一,聚焦师德师风建设。建设教师队伍需要一个标准来衡量教师的思想、行为、能力等,完善相关法律体系,使教师有行事标准可以参考,"有法可依"将带动教师们"有法必依",激励教师不断学习新思想,规范自身行为。同时,需要规范高校师范生的师德养成和教师职业信念,从而提升就职后的师德专业化水平。可通过拓宽教育形态来提升师范生的道德修养,如专题讲座、专题研究、访问名师、宣传教师先进事例、观看电影等。法律规定师德培训标准,也需要实时监管实行过程。

第二,培养高素质教师。《中国教育现代化 2035》中明确提出"建设高素质专业化创新型教师队伍"要"努力建设一支有理想信念、有道德情操、有扎实学识、有仁爱之心的教师队伍,更好地承担起传播知识、传播思想、传播真理,塑造灵魂、塑造生命、塑造新人的时代重任"②。当今的教育方法不断创新,教育理念不断更新,教师们应改革以往灌输式的教学方式,创新具有启发式的教学。法律法规的完善可以优化教师质量保障体系,促使教师不断学习提高自身素质和职业素养,如果教师缺少主动学习的意识,就不能在信息快速更迭的社会中汲取对自己、对教学内容有益的知识,及时拓展知识储备。法律画定了教师的底线,鞭策教师不行不正当之事,丰富学识,做高素质专业化的"四有"教师。

(3)保障教师的合法权益

重构尊师重教的社会风尚既要从政策上肯定教师的付出,舆论上赞扬教师们贡献的力量和奉献的才智,也要从法律层面上关心和支持教师。但在现实教学过程中,法律的不明确和不完善使得教师权利被侵犯的现象屡

---

① 中共中央国务院关于全面深化新时代教师队伍建设改革的意见[N].人民日报,2018-02-01.

② 中共中央、国务院印发《中国教育现代化 2035》[EB/OL]. http://www.gov.cn/zhengce/2019-02/23/content_5367987.htm,2019-02-23.

见不鲜,比如不按时发放工资、奖金等,不合理的教师津贴制度,侵犯了教师的经济权益;学生不理智的过激行为会被认为是教师管理不够;适当的惩罚却被家长误解为体罚;权益救济机构不完善,教师没有申诉途径等,这些现象严重影响了教师的工作积极性。如何加强法律层面的规范,保障教师的合法权益,使教师在法律上得到应有的尊敬,是一个值得思考和贯彻落实的问题。

第一,修改和完善教育立法,确保教师职业权利有立法保障。通过法律来规范人们的行为,使人们有法可依,明确应该做什么、不应该做什么,违反了法律将会受到怎样的惩罚。可见,有法可依是法律实施的首要前提,可以保障人们的合法权利,也对人们的行为有约束力。完善教育立法是指将国家的教育政策、具体的教育形式、教师的基本权利和义务等以法律的形式确定,使从事行业的人有法可依,教育者可以依法保障自己的职业权利。其中,教师教育惩戒权的使用一直备受关注。教育部基础教育司司长吕玉刚曾解释,按照教育法的有关规定,教师在教书育人过程中,有批评和抵制有害于学生健康成长现象的义务。但是由于教育法中对教师惩戒权的一些细则规定不是很详细、不是很规范,导致教师即使正确地行使教育惩戒权,也会受到社会、家长的问责。久而久之,教师对学生不敢管、不愿管的现象较为普遍。所以应制定具体实施细则,明确教师教育惩戒权实施的具体形式、程度,促使教师规范地行使惩戒权利。教师的基本职业权利有很多,需要详细地列出,以确保教师的职业权利有法律保障。

第二,改善和健全教师救济途径,确保教师职业权利有救济保障。法律救济有两个主要任务:一是惩罚教育从业者的不法行为,二是使受损害的权利得到恢复和补偿。对教师自身存在的问题,如教师课后有偿补课行为要坚决抵制,要坚决依法予以严惩。同时,权利受到损害的教师能得到相应的补偿,并在恢复正常的教育中仍然能够享有合法权利,以确保教师行使正确的职业权利有"售后"保障。

不断完善教育法规,保障教师的合法权益有利于人们明确教师的法律和社会地位,维护教师的职业尊严,形成尊师重教的良好氛围。教师能更好地发挥自身的引导作用,做时代的引路人。

(二)重建社会德育的基础功能

苏联著名教育家苏霍姆林斯基认为,儿童在上学和放学的路上受到的道德方面的教育比在学校里的道德教育强很多,也更加实用。这充分体现出社会环境对人们,特别是学生的道德教育起着举足轻重的影响。随着社会的飞速发展,新思想、新理念不断涌现,人们固有的德育观念受到了冲击,本节将从以下三方面探讨如何重建社会德育的基础功能。

1. 改善社会德育环境

(1)政府组织主导作用

古希腊哲学家柏拉图认为,人性缺陷的养成实质上根本的责任在于社会,有缺陷的社会影响并产生了有缺陷的人。由此可见,建设社会良好的德育风气是一项重大任务。对于社会组成人员来说,青少年因思想、明辨是非能力尚未成熟,容易被社会风气影响。从某种角度看,青少年接受负面信息的速度能反映出政府在引导社会风气和思想道德建设方面的工作成果。"在整个青少年思想道德建设的进程中,政府作为思想道德建设的组织者和领导者发挥着主导作用。"[①]作为社会的管理者,各级政府应发挥自身的主导作用,带动社会德育的重塑,完成这一重大任务。

第一,政府要大力弘扬社会主义核心价值观。社会主义核心价值观是社会主义核心价值体系的内核,包含的12个词分别从国家、社会、公民三个层面提出社会主义核心价值观的价值目标、价值取向和价值准则。人民有信仰,国家才有力量,所以弘扬社会主义核心价值观就是传播正能量,要营造和谐的社会环境,鼓励人们学习长征精神、红船精神、井冈山精神、工匠精神等。要鼓励学生学习中华优秀传统文化,树立文化自信和民族自信心。要宣传科教兴国的重要性,让科教兴国战略深入人心,使青少年成长为时代和社会需要的高精尖人才,使全体公民愿意且积极地为祖国建设奉献出自己的力量。

第二,政府要发掘有利的社会资源。要做好文化环境的打造,营造积极向上的社会氛围,将道德建设与社会实践相结合,组织开展主体明确、内容丰富的实践教育活动,突出思想内容,通过各类教育活动进行价值观传导,使人们在潜移默化中受到影响。要积极动员全社会各界力量的教育参与,创造较好的社会条件,学校、家庭与社会之间互相沟通,构建学校内部与外部目标、方向一致的"三位一体"的大德育体系,建立相应的制度保障。要建好一批师德教育基地、红色文化遗址、国防教育基地、图书馆、博物馆等德育

---

① 李瑞东.积极探索未成年人思想道德建设新思路、新方法[J].江西教育,2004(10).

场所,广泛开展先进典型的评选,摄制放映主旋律纪录片,能够让师范生多渠道接受积极的思想道德教育。

第三,政府要关注教育欠发达地区的思想道德建设。一方面,由于我国目前的就业形式改变,大量农民工进城务工,导致其子女成为留守儿童,无人看管,不利于其形成正确的思想品德。政府应定期对他们进行慰问,关注他们的成长。可以设立一村一间托管班,开展德育教育。另一方面,教育欠发达的地区,人们没能接受系统的教育,社会德育问题也比较突出。政府可以选派教育发达地区进行教育帮扶,定期举办观看免费电影、播放教育电影等活动。

(2)传媒主体导向作用

正确个人价值观的确立,良好社会风尚的形成,离不开舆论的正确引导和推动。在信息时代,传媒对生活的影响越来越大,对人们的人生观和价值观造成深远影响。随着新媒体技术的迅猛发展,网络媒体打破了地域和时空的限制,相较传统媒体具有传递速度更快、导向性更强的特点,急剧改变着当代大学生的生活、学习和思维方式,也为高校加强德育工作的导向力创造了有利条件和不利因素。所以社会各界要对这一形势有正确的认识,发挥传媒的正面导向作用,避免负面影响。

第一,要加强传媒监管力度。政府要加强对信息传播等的立法和执法力度,确保监管的长效机制建设,加大违规违法行为的惩处力度。宣传部门和出版单位对传媒出现的不正确导向及时发现、及时制止,严重的还要依据法律法规勒令整改。注重技术手段的使用,如程序监督和跟踪功能,严惩违法行为或违反道德的信息传播行为,通过技术手段加强信息监督。

第二,要树立正确导向意识。各大媒体在报道时应遵循实事求是的原则,对信息的采用有所选择,不能"有闻必录"。传媒的社会效益永远要摆在经济效益之前,要讲究宣传艺术,提高语言凝练水平。传媒不只是写几篇文章,用空话、官话、大话交差,需要有高层次的思想理论水平,新颖的传播方式,大力营造健康向上的社会舆论导向,竭尽全力抑制负面舆论对正确价值观的冲击和干扰。

第三,要推动德育内容创新。除了职业道德、社会公德等传统德育内容,还应将社会主义核心价值观、"中国梦"教育、中国优秀传统文化等新时代的主旋律教育内容作为德育的重要资源和内容,帮助大学生树立正确的修德观念,此外,可以结合社会热点、难点问题进行讨论,让大学生在思辨中明确社会主义立场,增强对国家和社会的情感认同。要利用新媒体这一媒介,线上结合线下开展丰富的校园文化活动,激发大学生道德培养的兴趣,将生活实践引入高校德育内容。[①]

(3)基层治理保障作用

良好的社会环境直接影响人们的健康生活,学校的周边环境也影响着学生的健康成长。学校是学生学习的场所,被誉为"一方净土"。然而目前,学校周边出现了越来越多的流动小贩、网吧、娱乐会所等。随着人们的生活水平的提升,学生的消费能力也在逐年增加,这些商贩瞄准了学生的消费能力,将店铺开在学校周围,吸引学生去消费。这给青少年的成长带来不利影响,一方面,他们的心思会分散到娱乐上,不能专心学习;另一方面,会养成随意花钱的陋习。所以应该及时整改学校周边环境,确保社会环境的清新。

除了图书馆、博物馆等少数课外拓展场所,其余适合人们学习的活动场所较少。有的场馆因管理不到位,而发挥不了预期作用;有的场馆因设施简陋,设备陈旧,内容匮乏,不适合人们参观、学习。基础设施的缺乏,对于社会德育的教育进行产生了阻碍。

在一定程度上,社会德育是学校德育和家庭德育的扩展和延伸。社会是不可忽略的重要因素,它影响着人们思想道德的塑造。因此,加强完善社会德育环境刻不容缓。

2. 增进网络社会德育

互联网的迅速发展给人们的生活和工作、学习带来了巨大变化,每天都在网络上接收着消息,人们越来越依赖这种传播方式。但网络是一把"双刃剑",在给人们带来便利的同时,也影响着人们的思想、行为。网民数量占比最大的是学生群体,他们学习能力强,好奇心旺盛,容易接受新鲜事物,但他们还未形成系统的思想,对于一些诱惑没有足够的抵抗能力。利用网络资源增进社会德育,加强大学生的道德教育,以更好地发挥网络德育教育的作用。

(1)通过网络学习提升德育认知

当前,网络充斥着大学生的日常生活,并深刻地改变着当代青年人的学习、生活方式。在以前,人们学习获取教育资料的方式只有书本。而现在,新兴的教育资源层出不穷,在线学习、翻转课堂、慕课、远程学习、课程分享

---

① 刘阳,陈韵.新媒体背景下高校德育工作路径创新研究[J].产业与科技论坛,2022,21(6).

等等,对于这些资源,除了少数需要付费,其他的内容基本是免费的。网络打破了传统壁垒,人们可以从中获取丰富的资源,充实自己。

大学生是思维最活跃的群体,对于新鲜事物的接受能力强,可以通过网络学习来确立正确的、科学的世界观、人生观、价值观。如在日常生活中,可以通过网络了解历史和当今的先进事迹、英雄人物、杰出人物,让大学生从中学习优秀的精神和思想,在心中确立值得追捧的榜样,并在生活中向着榜样学习,促使自己努力学习、超越自我。大学生们还能在网络中学习中华优秀传统文化,如长征精神、抗洪精神、航天精神等。网络为大学生的思想品德塑造创造了良好条件,高校要引导学生合理利用网络去学习,接受优秀的思想,形成良好的德育认知。

(2)通过网络操作落实德育实践

将知识牢记在心中后,应该通过自己的理解转变为行动。在纷繁复杂、混乱的网络世界里,充斥着积极和消极的信息,在加强了德育认知后,高校师范生可以通过网络操作来落实德育实践。

在实际生活中,网络内容会悄无声息地影响着人们对周围事物的认知,从而影响自身行为。在网络上,师范生可以通过参加很多活动丰富知识,如参加网上祭孔,在支付宝的蚂蚁森林里收集能量参与环境保护,网上结对助农助学等,都能起到德育的效果。人们可以自由表达观点和见解,通过在线的互动和交流认识志同道合的朋友,在互动和交流中促进知识的增长。但如何使用网络落实德育实践也有要注意的地方。

第一,增强网络操作的可控性。网络操作的方式有很多,但商业化和娱乐化的内容更多。网络信息体量之大有目共睹,关于德育的内容仍然较少。当前推崇"互联网+",使得网络成为各行各业竞争的地方,这些商业化的信息挤压着空间狭小的主流德育传播,如看德育视频前需要看一分钟甚至更久的广告,阅读时突然弹出来游戏弹窗,打开教育类网站会被娱乐内容带走,这会打击人们学习知识的热情。增强网络的可操控性,消除网页中明显的广告,便于人们进行网络操控。

第二,注重网络德育内容提质。随着信息技术的快速发展,网络上有各式各样的教育媒体,线上教育活动如雨后春笋般快速发展,人们已经开始习惯这种获取思想和知识的网络方式,甚至人们更愿意接受网络中传达的知识。同时,互联网的一些活动表现出与众不同的一面,与以往的教育模式相比,这些形式更加丰富,内容更加生动有趣,深深吸引人们。所以,社会、经济、政治、文化等各个方面的新知识应及时出现在活动中,人们接受这种模式后更有助于落实德育实践。

第三,注重学生的行为引导。学生是学习能力强和易接受新鲜事物的群体,学习和接受互联网也较快。但是,网络中的海量信息很容易使学生在其中迷失方向。学生们在网络上聊天、娱乐等的时间往往大于学习时间。既然无法阻止学生接触网络,正确的引导就非常重要。引导学生利用互联网完成更多与学习有关的内容,鼓励他们参加学科挑战赛、生活知识竞赛、文化讲座等,通过这些网络操作来加强学习、提高学习质量,从而落实德育实践。

(3)通过网络倾诉加强德育指导

网络作为现代社会高速发展的标志,已经与当下人的生活密切地关联在一起。尤其是现在的大学生,作为使用网络最熟练的一批使用者,大学生应用网络的程度不断加深,影响着大学生生活和学习的各个方面,而大学生处于成熟人格的形成期,外部环境的变化对人格的形成产生很大的影响,因为网络的自由属性容易弱化使用者的社会责任感,造成道德情操的滑坡,驱使网络使用者走向网络成瘾的危害当中。① 大学生作为投入社会的新鲜血液和社会发展的决定力量,其健康成长和道德形成十分关键,因此加强网络德育指导是重中之重。

以高速发展的网络为平台,开展网络德育的指导。首先不断提高德育工作者自身的网络素能,在充分认识和利用网络德育开放性、预见性、交互性和便捷性这四大特征的基础之上,创新德育工作手段开展一系列的心理疏导和思想教育等等。② 德育工作者通过对网络环境的观察和对网络使用者的分析,有针对性地在网络上大量发布有关德育宣传的文章以及相关视频,增大网络德育的思想教育流量;同时利用其交互性和隐蔽性的特点,通过电子屏幕实现无障碍网络沟通,形成一个互动窗口,让网络使用者能够放下戒心,进行心理疏导,将网络德育的线上优势发挥至最大。

除此之外,因为网络德育是新技术、新时代的产物,不仅加强和改进了思想政治教育工作,同时也具有实时、互动、灵活、形象等优势。要充分发挥网络德育的优势,还要加强网内网外的双向合作,实现网络德育和现实德育的相结合,从而使人类社会真正成为德的温床。要立足于当前现实可利

---

① 朱江,蔡玉梅.从实际出发切实提高师范生网络德育的实效性[J].教育与职业,2006(15).

② 韩婷婷.网络环境下高校德育工作优化策略研究[J].教育教学论坛,2020(44).

用德育资源和德育途径,开发推广网络德育,利用多重网络资源进行德育教育;要根据现实的德育生活,与时俱进地更新网络德育内容。高校作为培养人才的重点,要把网络德育摆在德育工作的重要位置,并建立高校网络德育体系。[①]

3.提升社区德育质效

社区作为社会的一个重要的组成部分,同样承担着德育传播的重要任务。生活在社区内的人员,有义务治理好社区内部的环境,营造社区文化氛围;同时社区管理人员要因地制宜地打造特色社区文化,做好社区领头人的角色,监督管理好社区内部事物,协同社区成员一起,共同打造高质量、德育文化高度浸润下的宜居怡人的小区品牌,提升社区德育质效。

(1)明确社区德育责任

社会学家对社区的定义各不相同,但在构成社区的基本要素上的认识基本一致。一般认为,社区是社会的基本组成单位,在一定的地理区域,由个人、组织和社会群体组成的社会生活共同体,社区有管理、服务、保障安全、教育区内居民的教育责任,特别是德育责任。而社区德育是教育者利用各种社区教育资源,根据相应的社会要求所进行的有目的、有计划地对受教育者在思想、政治、品德等方面施加的影响。社区教育就是依靠人们生存的社会环境,根据当下的社区生存实际,全方面、多渠道、多角度地利用社区条件和现存的社区教育资源,由此来营造社区良好的德育氛围。

如今德育作为教育最主要的一部分,其传播途径已经不仅仅局限于学校教育。德育作为和谐社会不可缺少的一部分,普及德育是社会共同承担的责任,换句话说,社区教育也是弘扬德育的一个重要的载体,是不容被忽略的。在现实当中,社区德育一直跟学校德育和大学生的发展有着密不可分的关系,从进一步的层面上来解释,社区德育在推进高等教育育人的实践性变革与转向的进程中担任着至关重要的一环。其具有的知识性、相互性、交融性的特征充分促进学生全面发展,其作用在德育系统版图中不容小觑。[②]

社区是学校、家庭的纽带,学校教育侧重的是科学文化等知识的传授,而除去课堂之外的教育环境则涉及了文化、精神等多方面的领域。因此社

①　邢亚希.高校网络德育研究[D].保定:河北大学,2015.

②　苏旭东.社区德育的生态边缘效应——基于高校德育场域的延展与反哺的双向视角[J].韩山师范学院学报,2018,39(2).

区作为德育的良好载体,其所具备的精髓和内在本质能与学校的德性文化、家庭德性文化齐肩,契合生存在其中的各类人物的成长需要。其实施要确保高效利用一定社区范围内各种社会因素,包括学校、家庭和社会等对青少年儿童的思想品德教育,加强这三点之间的沟通和统筹协调,以此来提高德育的总体质量,提高德育的实践性,促进儿童的健康成长,同时促进当地的文明社区的建设,营造一个温馨文明的生活环境。将社区德育与学校德育紧密结合起来,让社区更好地为德育服务,从而明确社区德育的责任。

(2)社区周边环境治理

社区治理是一个公共管理学概念,它是指在特定区域内,社区街道办、所在的企事业单位、公司、社民等在一套模式下,相互帮助,共同努力,为社区创造公共服务、共同价值。① 而社区的周边环境指的是除了图书馆、博物馆等周边设施以外,还包括文化氛围、社区的整体风气、社区内人员的文化水平以及社区内举行的各类文化活动等等教育环境。

首先,倡导多元主体共同参与社区环境治理。社区治理不是社区和政府"一刀切"负责的对象,而是逐渐建立一种以学校、家庭等多元主体协作包容的新式关系。鼓励各学校与社区建立合作共赢的网络体系,发动高校学生积极走入社区,参与社区的环境治理活动,将课堂中学习的知识投身于社区环境治理当中;社区委员会积极利用环境设施,依托社区图书馆、博物馆的文化氛围和展览、学习的功能,通过博物馆的展示将德育显现化、直观化,由此更好地进行德育教化,实现社区周边环境的治理。②

其次,要推动社区居民积极参与。社区居民作为社区的主要成员,是社区环境治理最重要的主体。社区居民作为社区环境治理最直接和最终的受益者,要不断提高其治理参与的积极性。因此,社区内部要完善以下制度:第一,健全居民参与奖励制度,激励居民积极参与社区治理活动;第二,健全完善相应的法律法规,在制度层面上加强对居民的约束力;第三,增强居民的社区归属感,在节假日期间积极组织各项活动,增强居民的团结程度,提高居民对社区环境的自觉维护和治理心理。

最后,营造优良的德育社区氛围。社区氛围的好坏就是决定德育的实行是否有效的指南。因此要大力弘扬有关道德培养相关的知识,营造助人为乐、一心向善、遵纪守法的社区风气,社区内人员相处融洽、互帮互助、懂

---

① 任精举.高校参与社区治理的对策研究[D].南京:南京理工大学,2013.

② 卢波.社区德育的功能及其特征[J].西南师范大学学报,2003(3).

得为他人着想。同时,相关负责的部门积极主动地开展各类德育活动,以社区活动为载体,将德育通过多人参与、充分体验等形式深入人心,从而将德育更好地内化于心,外化于行,使参与、生活在该环境下的人们的思想道德得到更深层次的提高。与此同时,杜绝不良行为的出现,抵制不良风气的形成,通过宣传教育,让社区内的成员明辨是非,知善恶。从根本上整治社区的环境,让社区德育行稳致远,使社区周边环境得到长久性的治理。[①]

(3)社区文化品质提升

社区与文化是不可分割、相辅相成的统一整体,社区是文化的物质载体,文化是社区的核心灵魂,只有物质与精神紧密融合、共同作用,才能营造积极向上的社区文化;同时,社区文化的建造也离不开长期生活在其中的居民和其营造的环境氛围,社区文化品质的提升要充分考虑其构成、文化孕育和传承。[②]

首先,各小区要因地制宜地完善文化设施,创立社区文化品牌。通过制定相应的社区规定和安排专人管理完善社区文化设施,加强社区制度的建设,滋养社区居民,让居住在社区环境中的人感受文化的浸润,让社区文化的构成更加合理化,提升居民文化的同时,无形中提高社区文化品质,树立优质的社区文化形象。

其次,拓宽并创新社区文化服务方式,高效率利用社区文化资源。随着网络信息技术的高速发展,社区文化也可以搭乘网络的快车,建立相对应的社区网络文化平台,借由公众号的推送进行社区文化的宣传,通过社区服务号,提高社区沟通和服务的效率,大力推动数字文化服务进社区,使社区内外部的交流更加便捷化、效率化、长久化。

不断提高社区文化品质,即是不断提高德育传播质量。将社区文化与学校文化、家庭文化相融合,双方相互促进、共同提升,并在不同的领域传播相同的德育标准,让受教育者对德育的理解更加深刻到位。

最后,建立社区与其他多元主体的文化联结,以德育为核心,丰富社区文化的层次性和深度性。尤其以社区与高校联结为例,高校作为文化高产的孕育地,也是德育的主要宣传地,有利于社区文化品质的提升。高校德育与社区德育双向互动是社区德育得以高效实施的重大保障。两者的双向互动有利于整合社区德育资源,能够更好地提高社区的德育水平。并且,高校

---

① 任精举.高校参与社区治理的对策研究[D].南京:南京理工大学,2013.

② 钟东.加强社区文化建设 提升市民生活品质[J].杭州通讯(生活品质版),2009(7).

德育与社区德育的双向互动也是双向受益的过程,高校德育为社区德育提供了智力支持和资源供给,社区德育为高校德育提供了广阔的社会平台和社会历练的机会,两者双向互动,构建和谐共处的社会环境,而德育作为高层次的文化品质,从根本上提高了社区的文化水平。①

(三)重塑立德树人的精神共识

1. 以德育人

师范生承担着教书育人的重要任务,是学生学习生活和思想文化的引导者,因此,高校不仅要培养师范生教学技能,还要树立好师范生正确的人生观、价值观和世界观,做好德育的教导。同时各高校要顺应当下时代的潮流,不断调整师范生人才培养计划,以德育为核心培养符合社会需要的教师,教导各师范生将"以德育人"落实到实处。

(1)当前范生培育的导向问题

教育是立国之本,只有搞好教育,培养好人才,才能更好地促进国家各方面的发展。因此师范生培养的正确导向是当代教育至关重要的问题。新时代背景下,广大教师要做"有理想信念、有道德情操、有扎实学识、有仁爱之心"的"四有"好老师,也要做"学生锤炼品格的引路人,学生学习知识的引路人,学生创新思维的引路人,学生奉献祖国的引路人"②。"四有"老师和"四个引路人"为师范生培养的导向问题提供明确的方向。

第一,要注重培养师范生的职业热情。不可否认,日复一日、年复一年的重复知识的教学,不可避免地会使教师产生职业怠倦。但是热情是万事动力的来源,维持教学热情是维持教学质量的财富密码。因此各高校要注重提高师范生对自我职业的认知,师范生在充分理解自我职业身份的基础上点燃对教学的热情。以热情为马,在热情碰撞之下,教学的火花一路生花,使教师的教学之路和学生的求学之路更加顺畅。

第二,要注重师范生教学技能和创新思维能力的培养。扎实的教师技能是担任好一名教师的基本前提,所以各高校要根据学校和各专业的定位,

---

① 林春蓉.社会主义核心价值体系引领下高校德育与社区德育双向互动研究[J].长春师范大学学报,2016,35(3).

② 陈孟增.新时代背景下地方高校师范生师德养成教育的理论与实践[J].北京印刷学院学报,2020,28(6).

切实培养好各位预备役教师。注重培养教师的基础技能、创新思维,提高教师对课本教材的理解以及教育目标的深刻认识。如今时代的潮流趋势便是创新,所以大时代背景下十分考验教师的创新设计的能力。因此要确保各师范生"肚子有货""有货可教""有货会教",注重师范生在单科专业型发展的同时全面发展,在学习过程中懂得理论与实践相互贯通,并拥有一定的创新思维来面对今后复杂的教育对象、教育场景及教育任务等,做好学生创新思维的引路人。

紧跟时代的步伐。如今科技发展日新月异,教学内容以及教学手段都面临着极大的改革。师范生要始终怀揣着不断更新的新思想,创立新理念。作为新时代的师范生,要不断学习新教学技术和教学手段,将书本上的知识尽其所能地以最新的方式呈现给学生,让学生最大可能地吸收消化。同时,随着时代的进步,知识也随之更新换代,各位师范生要学会将书本上的知识与现实的情景相结合,将理论联系实践,做好知识不与时代脱节,紧跟时代的脚步,让教学走在最前沿。

第三,要培养师范生良好的阅读和自我探究的习惯。在义务教育阶段乃至于高中的学习阶段,教育行政部门都会要求学生根据指导进行课外阅读。相关的课外阅读不仅能拓宽知识的广度,还能够加深知识的深度,总之,对学生科学系统地掌握知识百利无一害。同理,师范生良好的阅读习惯的养成也是十分重要的,只有汲取足够丰富的知识,才能够提高自己的教师素养,高教师素养才是教师教学行稳致远的准则。同时,教师作为学生行走的榜样,教师热爱阅读必然会在不同程度上影响学生,教师要发挥言传身教的作用,让学生更好地进行学习。阅读也是师范生不断自我探究、不断构建知识体系的过程,在该过程中不断自我提升。在真正的教学场景中,教师还可以分享给学生自己阅读的经验和技巧,促成学生良好阅读习惯的养成。

(2)当前社会对师范生的认知

教师作为教书育人、传承文化的角色,一直以来都拥有着较高的社会地位,受到一定的尊敬。而师范生作为预备役教师,自然也被当下社会寄予厚望。随着社会的发展,现代教师观也发生了翻天覆地的变化:一是教师已经由知识的传授者转变为学生学习的引导者和学生发展的促进者;二是教师从课程的忠实执行者转变为课程的建设者和开发者;三是教师从学校的教师转变为社区型的开放教师。

首先,全能型教师的转变。由于社会对老师能力的期望越来越高,因此师范生所要具备的能力也随之增多。除了卓越的教师技能的要求外,师范生也必须具备高素质的品德和高涵养的人生观、世界观、价值观;"专精型"教师已经不能满足不断内卷的社会发展,"全能型"教师逐渐成为教师聘用领域的"香饽饽"。

其次,高品德教师的要求。师范生在校学习期间,学校要不断加强师范生师德养成教育;教师在岗期间,当地教育局要跟进师德培育职前职后一体化体系的构建。以理论为基础,指导师范生的教育实践,并将教师师德评价体系融入整个社会的思想政治工作全局当中去,提高师德的重要地位,同时完善师德考核评价机制,强化师范生师德自律意识。①

最后,高专业素质教师能力的要求。对师范生能力的考察,传统方式仅局限于纸笔或实习等方式进行检测,事实上无法对师范生的专业能力进行整体性的考察,对单个师范生的优缺点缺乏深刻的认知。所以要构建师范生学习分析技术体系,探究师范专业认知结构的特征,优化高校师范生的培养计划,以培养专业性的教师为目标,将细节一一落实在教学工作、学校环境以及实习阶段当中。②

在当前的教师观下,教师这一职业角色不再单一,教师要扮演好各种角色,在学习生活上引导好学生,做好人际关系的艺术家,在一点一滴之中树立好榜样力量,使学生通过耳濡目染得到潜移默化的成长。

(3)以"德育"为核心培育师范生

做师先做人。各高校在培养师范生各项专业技能的同时,也要确保相关德育工作的落实。随着现代媒体技术的发展成熟,有关教师的道德素质的问题渐渐处于社会舆论的风口浪尖,个别教师的负面新闻也时常在媒体聚光灯的曝光下被公之于众,这不禁为师范生培养敲响了警钟——立德树人是重中之重,各高校要以德育为核心培育师范生。

首先,各师范高校要开设好有关德育的相关课程,举办相关讲座。将正确的道德品质以有形或无形的方式影响学生,润物细无声地滋润师范生的心灵,树立起良好的师风师德,正确地认识自己的工作性质和师范生身份。

其次,要注重教师理想信念的培养。人不可无理想信念,理想信念是人前进的步伐,也是激励教师不断创新技能、钻研教材和书本的动力。同时,

①　李志兵.基于具身认知理论的师范生师德养成教育研究[J].学校党建与思想教育,2021(2).

②　吴筱萌,牛芊宇,魏戈,荣赛波,王惠笛.小学教育专业师范生专业认知的特征探究——基于认知网络分析的途径[J].中国电化教育,2021(6).

理想信念还是人前进的指明灯,是教师职业生涯中教师恪守于心的道德标尺。

最后,德育是高尚价值观和优良政治素养的体现,因此要不断加强对师范生价值观的引导和政治品质的培养。师范生是中国教育环境下培养的师范生,师范生未来从事教育工作培养的对象是中国教育下的人才,所以各高校对于师范生的政治思想品质的培养尤其重要。树立好爱国热情、国家荣誉感、国家自豪感,掌握一定的政治常识是教师所必须具备的。由教师带动学生的爱国情怀,让学生认识到学习的责任性,并有意识地为承担国家发展进步的责任而发愤图强,教师要担任好学生奉献祖国的引路人的角色。教师在日常的教学工作当中,也要密切关注学生的心理状况和行为表现,争取引导好每一个学生,杜绝学生误入歧途的情况发生,做好学生锤炼健康品格的引路人。

因此,各师范高校只有摆正培养的方向,在现实基础上尽其所能地切实培养好师范生,让师范生从思想到行为等各个维度得到一定的升华,才能让人类文化的精华选萃和值得弘扬的道德品质更好地在一代又一代的教学过程中得以传承,才能无愧于教师这份神圣的职业。

2. 以德论事

如今,教师技能水平的高低已经不足以作为优秀教师的评判标准,德育已经成为师范生学业职业能力的判定的重点。师范生不论是在学业学习还是在工作当中都要不断保持高度的职业认同感,在学习和任教过程中时刻体现德育素养,要树立正确的职业认知,努力朝着优秀的目标靠拢,深切认知以德论事的概念。

(1)当前师范生学业职业能力判定标准

教师是教育工作的中坚力量,有高质量的教师,才有高质量的教育。因此提高师范生的学业职业能力是当前情况之下重中之重的任务,要根据一定的教育目的,进行师范生学业职业能力的培养。

2021年,教育部印发《中学教育专业师范生教师职业能力标准(试行)》等五个文件,分别明确中学教育、小学教育、学前教育、中等职业教育和特殊教育专业师范生教师职业基本能力,即师德践行能力、教学实践能力、综合育人能力和自主发展能力。同时,教育部还强调突出师德师风第一标准,就国家中小学教师资格考试标准和大纲融入日常教学、学业考察和相关培训中,从源头上提升教师队伍教书育人的能力水平。①

第一,师德践行能力。师德践行能力包括遵守师德规范、涵养教育情怀两方面,强调知行合一,从知、情、意、行等方面引导师范生贯彻党的教育方针,努力成为"四有"好老师。"四有"老师即呼吁各位教师争做有理想信念、有道德情操、有扎实学识、有仁爱之心的榜样力量。各师范类高校和二级学院要注重对师范生的师德教育方面的培养,可通过师德课程的开设、师德讲座的召开、师德图书的相关阅读、师德故事的传诵等等形式,以大教育家孔子作为师德标杆,将师范生浸润在师德的大环境之下,突出师德在师范生培养机制下的第一标准。教师的职业道德有助于教师完善职业认知和职业能力,有助于提高职业意识和职业情感,有助于形成崇高的职业理想和信念,这也是社会主义核心价值观道德层面上的一种对教师要求的体现。②

第二,教学实践能力。教学实践能力(其中学前教育专业为保育和教育实践能力)主要从掌握专业知识、学会教学设计、实施课程教学(学前教育专业为开展环境创设和游戏活动、实施教育活动)等方面,对师范生教育教学实践所需的基本能力提出了细化要求。因此,各师范类高校和二级学院要针对教育部提出的要求,开设相关课程,提高师范生的专业技能,确保师范生全面发展。确保师范生能根据不断变化的教育要求,进行正确的教学设计、创新型教学,落实好师范生各项能力。

第三,综合育人能力。主要从开展班级指导、实施课程育人、组织活动育人等方面强调教育"育人为本"的本质要求,落实立德树人根本任务。要培养好师范生综合能力,加强师范生的综合调动的能力,让师范生学会组织班级活动的同时进行班级指导,在指导课程当中实现育人的目标,始终把立德树人作为教育工作的核心标准。

第四,自主发展能力。指从注重专业成长、主动交流合作两方面,突出终身学习、自主发展,以及在学习共同体中不断提升专业水平的意识和能力。师范生的成长不仅仅局限于课堂,还应该包括整个社会环境和对知识和能力的自主探索。因此,树立师范生自我提升意识是十分必要的环节,教

---

① 教育部办公厅印发《中学教育专业师范生教师职业能力标准(试行)》等五个文件[EB/OL]. http://www.moe.gov.cn/srcsite/A10/s6991/202104/t20210412_525943.html, 2021-04-06.

② 陈孟增. 新时代背景下地方高校师范生师德养成教育的理论与实践[J]. 北京印刷学院学报,2020,28(6).

育脱离不了社会大环境的存在,让师范生在与环境相互交互中得到提高,是高教育质量的重要保证。

(2)当前师范生对学业职业能力的认知

当前,国家教育部发布有关师范生成长赋能的文件,对当前师范生明确了四大能力要求,即师德践行能力、教学实践能力、综合育人能力和自主发展能力。教育部教师工作司负责人表示,这些能力标准的研制遵循"着眼新时代教师培养目标""坚持做好分类指导""加强教师队伍建设系统设计"等总体思路,对师范生的全面发展提出了更高的要求。

首先,师范生在教学技能学习的同时要注重道德品质的提升。随着社会的不断发展,教师职业技能的要求不断提高,但高水平的教学技能并不是教师唯一追求的目标。在全员德育的社会大背景之下,教师的道德素养也受到监督。教师承担着教书育人的使命,在思想方面也必定是学生和家长的榜样,因此重视德育的自我修养是十分重要的,师范生可以通过广泛阅读德育的相关图书等方式来提高自我对德育的认知,争做高技能高素养的优秀教师。

其次,学习德育的相关知识。师范生在校期间不仅要努力学习提高自己的专业技能方面的知识,还要专门学习德育方面的相关知识。让德育不断深入师范生的内心,进而高度理解德育知识内涵。只注重知识学习的师范生是不全面的,需要德育来不断摆正师范生学习的大方向。师范生们以德育为帆,在加强理论修养的过程中,进一步加深对职业能力的认知,增强自我提升的内在动力。

最后,师范生要始终维持高度的职业认同感。高校师范生要对自己即将从事的教师这一职业和目前师范生的身份进行深刻的感知和体验,师范生的职业认同感是从高校的学生转变为校园老师的关键,是稳固的职业情感的根源。各高校在日常生活中注重激发和培养师范生对教师这一职业的认知,提高对其使命的认同感,鼓励师范生不断自省,从而透视自己内心的真实想法,从而从心底真正接受教师职业,才能最大限度地发挥自己的职业能力。[①]

(3)师范生学业职业判定中凸显德育核心

对于师范生进行能力判定的过程中,基础的教师能力固然重要,而优良

---

① 张新昊.基于师范生职业认同感的学业投入研究[J].当代教育实践与教学研究,2019(20).

的品德才是担任一名好老师的基本要素。因此,师范生在校期间,各高校要安排德育的课程,进行师范生德育滋养;在师范生职业选聘过程中,注重辨别师范生的德育品质的高低。师范生在学业和职业上不断保持德育初心,才能在教师职业岗位上行稳致远。

第一,在师范生学业判定中凸显德育核心。一是各高校要高度重视德育,做好顶层设计;二是建设具有校本特色的德育课程,将其作为大学必修课程并进行学业考核,提高师范生的德育重视程度和修养水平;三是各高校应该建立健全的学生学业评价系统,即建立以德育为核心的学生学业综合素质评价体系。以学生综合发展为判定的基础,在此基础上多方面考察学生的德育、智育、体育以及综合能力,加大德育在评价标准中的比重,强调德育的核心地位,为社会培养德育素养高的优秀教师。

第二,在师范生职业判定中凸显德育核心。如今,教师职业道德失范的现象时有发生,对学生的未来之路不良影响之大不容小觑,要确保德育的步步落实,发挥德育的力量。“教,上所施下所效也;育,养子使作善也。”(东汉许慎《说文解字》)这就凸显了教师职业生涯中职业道德观和良好的道德素质的重要性。心中的善恶驱使人的行动,只有心存美好道德的人,才能用德行感化他人。因此,在师范生职业选聘的过程中,用人单位要进行师范生在校期间的德育审查,明确即将选聘的师范生的道德素养高低,将师范生德育划分在职业能力判定最重要的判定项目当中,将道德素养作为衡量师范生职业能力的标准。

师范生承担着教书育人的重担,德育是所有技能的前提和核心,要把德育孕育在教学设计、教学实施的每一环节,做到真正的从善如流、嫉恶如仇,让优秀的传统文化得以一代又一代地传承下去。

3. 以德选才

“为谁培养人、培养什么人、怎样培养人”始终是教育的根本问题。“为谁培养人”这一方向性问题是这些问题中的首要问题。我国教育的根本任务就是要培养中国特色社会主义事业的建设者和接班人,而不是旁观者和反对派。应该说,今天没有什么比培养社会主义建设者和接班人更重要,没有什么比这个方面出问题更危险。“人无德不立,国无德不兴。”德行作为人才判断的一个重要标准,不可不察。各级学校选用人才要把德放在首位,看教师是否具备为党育人、为国育才的最基本的能力和素质。① 因此各高校要恪守指导原则，建设一批高素质的专业化教师队伍，培养符合规范、服务国家、服务人民的"四有"好教师，并在师德师风上坚持"四个相统一"。

（1）当前师范生在校优秀典型选择的标准问题

党的十九大报告提出，"青年一代有理想、有本领、有担当，国家就有前途，民族就有希望"，同时还明确提出了要"培养担当民族复兴大任的时代新人"。当前，国家教育部发布有关师范生成长赋能的文件，对当前师范生明确了四大能力要求，其文件遵循"着眼新时代教师培养目标""坚持做好分类指导""加强教师队伍建设系统设计"等总体思路，十分贴合时代新人的培养标准。如今，师范生在校优秀典型的选择尚存在一定问题。

第一，师范生在校优秀典型选择以成绩为标准，各高校评价体系不够全面。师范生在校主要学习教学技能和书本上的知识，并通过分数体现各师范生的技能掌握情况，片面追求应试技巧，忽略了实践操作的重要性，缺乏综合性考察，容易培养出教学上脑袋空空、缺乏自我思考的"行动上的矮子教师"。因此，完善师范生教育教学能力指标体系迫在眉睫。

第二，师范生在校优秀典型中缺乏职业认同感的现象日益严重。如今，师范专业作为报考的热门专业，有着未来职业稳定的优点，一直是热门的报考目标，但实质喜爱师范专业的人并未一直增加，学习师范专业的学生也并非都由衷热爱该专业，这种情况在公费师范生身上体现得尤为明显。这些师范生因为成绩优异被评选为优秀典型之后，有个别人因为职业认同感和喜爱度偏低，未必甘愿在今后的职业道路上呕心沥血地奉献。

第三，师范生师德失范现象层出不穷。一部分高校师范生从小在"学不会就打"的教学环境中学习，曾经的求学经验在一些师范生的脑海里根深蒂固，而在高校当中如果缺乏适当的引导，这些失范的教学现象容易在这些师范生的教学生涯当中复现，给学生带来不良的影响，当这些学生机缘巧合走上教学道路时，如此周而复始，必定会破坏良好的教育环境。

师范生在校优秀典型选择呈现的问题恰恰就是因为忽略了德育的重要性，缺少了以"德"作为界线的评价标准。司马光曾经说过，才德全尽谓之圣人，才德兼亡谓之愚人，德胜才谓之君子，才胜德谓之小人。强调了"立德树人"的重要性。尤其是对师范生来说，德行是今后生活和工作必须时时恪守的基本准则。各高校要重视德育的教育，做好具有校本特色的德育体系，提

---

① 戴建兵.习近平教育论述探析[J].河北师范大学学报（教育科学版），2020，22(5).

升师范生对德育重要性的认识,并在优秀典型的选择当中凸显出来。

(2)当前师范生就业岗位选聘的标准问题

为了培养落实"四有"青年的号召,教师的选聘要迎合当下的教育目的和教育方向的潮流趋势,那么师范生的就业岗位选聘的相关要求也要随之改变。在全员德育的大背景之下,更要突出德育在选人用人时的重要地位。而当前师范生在就业岗位选聘时仍存在一定问题。

第一,师范生培养存在一定的风险问题,源于我国培养的师范生有多种类型。其中有一类师范生培养风险较大,他们的工作面向地是一些贫困地区或乡镇小学,这类师范生大多是政府委托高校培养的地方性人才,被称为公费师范生。师范生免费教育政策是我国教师教育的重要组成部分,是新时期我国教师教育模式调整的重要的基础性政策之一,对于新时代我国教师资源配置起到了重要的调节作用。但是公费师范生的政策仍存在一些风险,特别是在招生、培养、就业和履约等环节上存在风险,严重影响了政策目标的有效实现,导致政策目标未能充分发挥,是我国教育领域存在的一个重要问题。[①]

第二,就业岗位选用人才时注重学历轻视思想道德。如今教育水平水涨船高,大学生学历内卷现象十分严重。用人单位把师范生的学历作为选聘的第一标准,其他因素考虑较少,选聘时呈现唯学历是图的不良现象。而教育活动不仅仅需要教师具备丰富的学识,教师自身的道德涵养也是极为重要的部分。在人均内卷、成绩为王的社会大背景之下,为了追求高升学率和满足教师私欲,教师失范现象时有发生。

第三,用人单位忽视对师范生综合素质的考察。师范生普遍存在综合素质不高和缺乏实践能力的问题,在教师职业生涯发展中往往后劲不足;有的师范生缺乏专业情感,教师职业认同感较低;一些师范生在校期间只注重专业课的学习,没有进行特长的开发,综合素质较低。在要求全员综合发展的教育背景之下,单科的教师就业市场竞争力逐渐降低,用人单位要考虑教师的全能性的问题。[②]

存在这些问题是由于忽略了"德"在教师职业生涯当中的重要性,要以"德"作为岗位选聘的标准,一个具有德行的教师才会义无反顾地担任好自己的角色,用人单位也能更好地规避教育风险问题。因此,各招聘岗位要着

---

① 刘海滨.风险评估视角下师范生免费教育政策研究[D].长春:东北师范大学,2015.

② 张京.师范类本科生就业问题研究[D].新乡:河南师范大学,2016.

眼新时代教师的培养要求，围绕"四有"教师的标准进行应聘教师考量，关注师范生在校期间的表现情况，特别是师风师德的学习实践情况，细化考察师范生的实践能力，以及对教师职业的理解和热爱程度，从而进行教师的选聘。做到真正的与时俱进，守正创新。

（3）师范生优秀典型和岗位选聘突出德育取向

人无德不立。德育是师范生在校学习和在校任教时都无法避而不提的话题，是任何一个师范专业学习和从业者必须要具备的优良品德，德育的重要性在任何时期任何时代背景之下都是不可否认的。中国自古就十分重视德育的培养，注重德育环境的营造。到了"知识决定命运"的现代社会，德育的重要性自然也不容忽视，而教师作为知识分子的重要组成部分，自然要承担起传播道德教育的重担，必然要对德育有自己的理解和认知。

师范生优秀典型中凸出德育取向。学校层面要高屋建瓴地加强德育建设：第一，通过建设高师德教师队伍，充分利用高校的思想政治课堂着重进行德育取向的宣讲，大力进行实践教育；第二，高度重视，做好具有校本特色的德育课程体系；第三，构建以德育为核心的综合素质评价体系。[①] 古有大教育家孔子锲而不舍地宣扬"仁"的思想，今有教师继承其衣钵继续开启德育教化。只有心怀道德，才能真正做到问心无愧，做到"捧着一颗心来，不带半分草去"的纯洁和坚定。万事德育为先，各高校要注重德育教育和德育实践，在优秀典型的选择中凸显德育取向，对高校师范生培育工作给予正确引导并不断落实，为社会培养品德优良的优秀教师，从而营造良好的教学环境。

岗位选聘中突出德育取向。如今社会对教师的职业道德要求越来越高，教师的职业素养问题也逐渐成为社会的关注点。学校进行岗位选聘时要注重以下几点：第一，注重教师的综合素质的考察，尤其关注道德思想的教化程度；第二，关注教师的职业认同感和未来的展望及规划；第三，选聘之后，在教师任教期间做好教师的教学考察。师范生们要尤其重视德育的重要地位，以高德育理解和高德育掌握作为自己的求职优势。各位师范生在学习和工作生活中以德育的道德标准时时要求自己，并将德育执行在每一次的教育活动和教育管理当中，用人单位也要摒弃"学历优势"的旧用人标准，长久地凸显以德育为主要取向的用人标准。

---

① 熊维娟,肖文君.新时代高校师范生德育的路径研究[J].品位·经典,2021(16).

第四章　家庭层面的路径实施

（一）家庭教育与家庭德育

家庭教育是育人的起点,家庭德育是个体道德形成的基点。科学的家庭教育和良好的家庭德育是师范生成长成才的基石。本节将从家范与师范、家传与师传及家教与德育三方面展开,介绍家庭层面的师范生培养路径。

1.家范和师范

家庭是人生的第一个课堂,父母是孩子的第一任老师。家教科学严格,青少年才能三观端正、人格健全,家庭教育对于青少年的成长来说至关重要。家庭教育涉及方方面面,但最重要的就是思想品德教育,是告诉孩子如何做人的教育。重视家庭建设,重视家风"春风化雨,润物无声"的作用,把美好的道德观念从小传递给孩子,帮他们形成美好的心灵,树立正确的世界观、人生观、价值观,父母扮演着重要角色、发挥着重要作用。

（1）何为家范

《家范》中阐述了司马光的治国治家之道:"欲治国者,必先齐其家。"而齐家的规范则是:为人祖应"以义训其子,以礼法齐其家";为人父应"爱子,教之以义方";为人母应"不患不慈,患于知爱而不知教也";为人子应以孝为行动之准则。只有家庭成员扮演好各自的角色,尽到应尽的责任,才能给孩子营造一个健康的成长环境。

家范,即家长的榜样示范作用,尤指父母的榜样示范作用,也就是"言传身教",具有示范性、终身性。从教育对象来看,家范是个性化教育的缩影,是针对孩子个别的吸引、导向和示范,须由家长完成。从时空角度来看,父母是对孩子最关注的亲人,父母对孩子的教育进行得最早、时间最长,是孩子生命中的第一任老师。从教育内容上看,家范的任务主要是在生活、人格和行为等方面为孩子树立标杆。从法律责任上看,孩子与家长具有天然血缘关系,因而家范是一种天然的责任与义务。

（2）家范的内容和方法

家范所要回答的是"什么样的行为是值得效仿的、什么样的理念是值得培育的、什么样的理想是值得追求的",在新时代家范应与社会主义核心价值观相结合。

在个人层面上,家范需要做到高尚情操、自我完善能力以及价值判断与选择能力的培育。首先家长自身要具备判断是非对错、分清善恶美丑的能力。然后再通过营造明辨是非、奖惩分明的家庭氛围,使孩子拥有在多元复杂的社会中的选择能力和价值判断。最后还要培育孩子自我反省、自我激励、自我突破、自我完善的能力。

在社会层面上,家范需要做到社会理想、规范意识以及法治观念的培育。拥有完备的法治观念,不仅是成为合格公民的重要要求,还是个体社会化的基础。因此,家长应自小开始培养孩子的法律意识和观念,引导孩子将个人理想与社会理想相结合,在遵守规章制度的基础上,努力实现个人价值,为社会理性的实现献出自己的力量。

在国家层面上,家范需要做到公民意识、国家认同感以及国家主人翁意识的培育。家长自身的政治觉悟、文化素养对孩子国家认同感的形成会产生重大影响。在日常生活中,若家长能对国家给予正面评价,并且热情主动地参与到生产实践活动中去,这将是给孩子的一堂生动的"思想政治课"。因此,家长应自觉参与到生产实践中去,并且引导孩子关注和参与社会活动,从而达到增强青少年的政治参与感、家国认同感和主人翁意识的目标。

家长的一举一动、一言一行都是孩子观察模仿的对象,家长是孩子生命中的第一个榜样,良好的家范对师范生品德的养成起着奠基作用。家长有效发挥自身的榜样作用应注意以下三个方面:

在性质上,家长的榜样作用有好坏之分。好的榜样是符合社会主流价值判断、利于孩子顺利进行社会化的示范行为。所以,家长需要不断摒弃偏激、不当的言论、行为习惯及思维方式,不断自我反省、自我提高,从而形成正确的价值观、人生观、世界观。

在效度上,家长的榜样作用有强弱之分。通常,有自觉意识的家长往往能够更好地发挥积极的榜样示范作用。因为他们能严格要求自己,使自己的言行符合基本的社会规范和道德要求。他们能努力扮演好自己的角色,让孩子潜移默化地接受正确观念的熏陶,因此家长需增强自己的榜样示范意识。

在时段上,家长的榜样作用会随孩子年纪而变化。随着年龄增长,孩子的自我意识不断增强,判断能力也日渐提高。虽然孩子仍会受到家长行为的影响,但会渐渐认识到家长也不是十全十美的存在。特别是当孩子发现家长言行不一时,对家长的盲目崇拜或模仿将会大大减弱,家长在孩子心中的权威地位将受到动摇。因此,随着孩子判断和认知能力的提高,家长应更加重视"身教"的作用,向孩子传达积极的人生态度和价值追求,为孩子树立精神榜样和人格楷模。

(3)家范的意义和影响

"染于苍则苍,染于黄则黄",家范对人最初的影响,就好比这决定丝的主色调的第一道颜色,具有先入为主的特性。尽管此后学校、社会对个人的价值观还会有塑造作用,但是家庭已经埋下了第一粒种子。家范作为"人之初"重要的模范,在师范生的成长中有着先入为主、深远持久的影响,并且对师范生品德养成及今后职业生涯有着重大影响。

第一,良好的家范有利于师范生健全的人格的培养、正确的价值取向的树立、坚韧的意志的形成。在面对复杂的社会环境时能够慎思、明辨、笃行,在陷入窘境时能及时排解消极情绪,调整好状态,积极应对。

第二,良好的家范是师范生自我实现的原动力。良好的家范不仅有助于师范生良好的心理素质和高尚的道德品格的培育,还可以促使师范生形成强烈的责任意识。责任感是强化一个人的自我存在价值的良药,具有价值引领和精神滋养作用,是个体开拓进取、坚韧不屈的不竭动力。

第三,良好的家范为师范生创造和谐的人际关系。良好的人际关系往往由一个人的性情、品格和行为方式所决定,其中品格是根本。一个随和乐观、宽容友善的人,在人际交往中会受人欢迎。这与家范的引领作用息息相关,良好的家范会在潜移默化中影响师范生的思想观念、性格品质和行为习惯等,帮助师范生形成妥善处理师生、同事等各种人际关系的性情、品格以及行为方式。

2. 家传与师传

中华上下五千年的文明，浓缩成一个文字，叫"和"；若是用两个字综合归纳，便叫"传承"。我国不仅具有重视家庭德育的优良传统，而且在历史的长河中逐渐发展成了家传文化。家传，这种治家教子的育人长效机制，对中国人成长成才具有永续习染和人格塑造作用。师范生应注重对家传的学习，以此塑造优良师传。

（1）家传的内涵

家传，通常指一个家庭或家族世代因循相沿下来，可以展现这个家庭、家族的精神面貌、道德风致、行事原则、气质气宇、审美情趣等的物质的或精神的传承。家庭物质传承是家庭德性传承的载体，而家庭德性传承又赋予了物质以深刻内涵。两者相辅相成，构建着家传系统，构建着中华民族世代相承的不朽文明系统。

（2）师传体系的构建

家庭德性传承是中华文明宝库中的明珠，对师范生师传体系的建构具有非凡的意义。红色家训、乐善好施、孝道文化是家庭德性传承的精髓，家庭教育与德育可从其中汲取养料，培养堪当民族复兴重任的时代新人。

第一，弘扬红色家训，铸就红色师传。红色家训是许多令人敬佩的共产党人为子女、后辈及社会留下的极为宝贵的精神财富，承载着老一辈无产阶级革命家关于家庭教育的理念、思路和方法，彰显着中国共产党人修身齐家的伟大精神和高尚品格，具有非常厚重的内涵：爱党爱国、忠于革命理想的家国情怀是红色家训的内核；严遵法纪、不为己谋私、修养品性是红色家训的三原色；从严治家、励志传承是红色家训的历史责任。

红色家训，是师范生个人品格养成的指南。家长应将红色家训融入日常生活之中，可通过带孩子参观烈士纪念馆、观看红色电影、讲红色故事等方式，将红色基因融于自身及孩子的血脉之中。传承红色家训，既是对我国优秀传统文化的继承与创新，又是对社会主义核心价值观的践行。在实现"中国梦"的征程中，师范生应将红色家训内化于心，外化于行，将红色家训转化为红色师传，并应用于今后的教学之中。

第二，践行乐善好施，奠定向善师传。乐善好施的意思是"喜欢做善事，乐于拿财物接济有困难的人"，出自西汉史学家司马迁《史记·乐书》中的"闻徵音，使人乐善而好施；闻羽音，使人整齐而好礼"。乐善好施不仅体现了中华民族的传统美德，也是作为社会主义核心面的友善价值观的重要组成部分,有其深刻的内涵和重要的作用。在家庭生活中父母应践行友善,促进个人向善向上发展,从小为孩子树立向上向善的价值观念。师范生肩负着培养祖国下一代的使命,也需要不断加强对乐善好施价值观的培育。

践行乐善好施,可从以下三个方面入手:一是对己友善。一个具有乐善好施的品质的人必定是个自爱的人。爱惜自己的身体,强健自己的体魄。二是善待自然。培养热爱自然的情怀,树立生态文明理念,形成深刻的人文情怀,并且积极主动地参与到环境保护的行动中去。三是与人为善。与人为善不仅是处理人际关系的基点,更是构建和谐社会关系的纽带。与人为善,要求我们对家人、他人及社会满怀真诚与宽容。善待亲人以协调家庭关系,善待伴侣以铸就深厚的友谊,善待身边的人以构建融洽的人际关系。

第三,发扬孝道文化,造就知恩师传。在中华五千年文明中,孝文化以其持久的活力代代相传、历久弥坚。"孝"是做人、立身、处世的根本,也是家庭亲睦、社会和谐、民族团结的基础。孝道文化的基本元素是孝与感恩,孝是感恩的前提,感恩是孝的外化。师范生应具备"孝与感恩"的崇高品德,以此造就知恩图报、仁爱宽厚的师传系统。因此"孝"在家庭教育中应扮演着不可或缺的角色。

培养孩子的孝心,可从三方面入手:一是使孩子明理,培养孩子的责任心。可通过给孩子讲古今孝道故事,通过一个个鲜明的形象去帮助孩子理解。并让孩子承担一些家庭责任,负责一些简单的工作。家长遇到困难,讲给孩子听,与孩子一起想办法。二是给予孩子充足的爱。孝心是充满爱心的伦理行为。家长应加强与孩子之间的羁绊,培育亲密关系,但并非一味地溺爱。三是家长躬身践行孝道。家长应在自己身上求真,以身作则,在日常生活中敬爱父母、心怀感恩,孝的种子才能在孩子的心中发芽。

(3)家传的意义和影响

好的家传,不是写在牌匾上,而是将之融于实践之中;所谓传承,不是挂在口头上,而是一种天然自发的行动。

第一,优良的家庭传承是凝聚民族深厚情感的桥梁。家传是中华五千年光辉文明的载体,是中华民族的奇珍异宝。将家国优秀文化代代传承下去,内化为对民族文化的自信与热爱,达到国民内在情感的整合一致,对于增强民族向心力、维系民族情感具有重要作用。

第二,优良的家庭传承是构建相亲和睦家庭的纽带。家传具有协调家庭成员关系的作用,是维系家庭稳定的规章。发挥好家传的引领作用,使家庭内部形成统一的向善的风气。家庭成员为共同的追求和坚守而奋斗,有利于减少意见分歧,构建和谐家庭关系。

第三,优良的家庭传承是个人与社会取得平衡的支点。家传既包含治国理政的内容,又包含着修身治家等丰富内容。当今的社会充满诱惑和挑战,而优良的家庭德性传承是个人安身立命、自我融洽的良药。家传可帮助个人从民族根部、人类心灵深处找到依托,使个人拥有与社会弊端抗衡的勇气,在复杂的社会中找到自我与环境的平衡点。

3. 家教和德育

《中共中央国务院关于全面深化新时代教师队伍建设改革的意见》提出了"造就党和人民满意的高素质专业化创新型教师队伍"的重要任务,并强调"把提高教师思想政治素质和职业道德水平摆在首要位置,突出全员全方位全过程师德养成"①。师范生的德性养成教育是落实新时代师德教育的新要求,而德性养成不仅仅是学校的责任,还与家教息息相关,并且家教中的品德教育的内容对师范生德性的养成至关重要。

(1)家教缺位的原因

家庭教育的缺失使得部分师范生在学习、做人及生存方面存在问题,致使家庭教育缺位的缘由可从三方面归纳:

第一,家庭结构的嬗变。随着时代的发展和大家庭的解体与弱化,"三口之家"成为家庭组成的主要形式。此外,代际教育和留守儿童教育的出现,使以老人为核心的传统家庭伦理逐渐被以儿童为核心的家庭伦理所取代。于是以仁、义、礼、智、信为核心的传统家庭教育理念被长辈对子女的过分溺爱、放任取代。

第二,道德观念的弱化。在市场经济的趋利的作用下,父母将孩子今后占据社会财富的数额和社会地位的高低作为判断成功与否的标尺。"功利化"思维导致了家庭道德观念不断弱化,促使家长走向了"缺"德的"唯成绩论英雄"的片面教育观,进而影响了孩子的价值观念。单维度地追求智力提升,而忽视美德及情操的培养,最终培养的仅仅是一批精致的利己主义者,造成孩子的德育"畸形"。

第三,家长行为的失范。父母是家庭教育活动的主要实施者,毫无疑问,他们的言行将在很大程度上影响孩子们的道德修养。父母的失范会给

---

① 中共中央国务院关于全面深化新时代教师队伍建设改革的意见[EB/OL]. http://www.gov.cn/xinwen/2018-01/31/content_5262659.htm,2018-01-31.

孩子带来不同程度的负面影响。家庭教育是孩子道德修养的起点,对孩子人格的塑造起着极其重要的作用。因此,父母应该明白,国家的基础在家,家庭的基础在言传身教。父母要以身作则,以自己高尚的道德品格感染孩子,发挥优良的榜样示范作用。

(2)家教对师范生德性养成的重要作用

生活即教育,家教是学校教育、社会教育的起点,对师范生德性的养成具有奠基作用。家教的首要任务是德性教育,并与社会主义核心价值观相结合,从思想、品格、习惯等方面入手,培养担当民族复兴大任的时代新人。

家教对师范生德性养成的重要作用主要体现在:第一,家教具有早期性。家庭是孩子生命成长的摇篮,也是孩子人生的第一个课堂。第二,家教具有连续性。家教承担着终身性的教化功能,它从出生起便影响着孩子,并且这种影响甚至会伴随着孩子直到生命的终结。第三,家教具有权威性。在孩子成长的早期,父母具有绝对的权威地位,父母的处事观念往往会被孩子全盘接受并奉为圭臬。第四,家教具有感染性。孩子深受家庭的影响,在潜移默化间形成自己的处事准则以及思想品行。

因此,家教是师范生德性养成的先导。在素质教育的背景下,应重视家教在德育中的作用,采取正确的方式培养孩子良好的道德修养。作为家长,在思想上要充分认识到家教对子女德性养成的重要性,做好家长的本职工作,为国家培养合格的人才。

(3)建设家庭德性教育体系的方法

文化素质、教育理念与教育方法的选择是影响家教成败的直接因素。古代家规、家训、家风中蕴含优秀的德育思想,从中汲取育人的精华,应用于当今的家庭教育之中,是建设家庭德性体系的捷径。

第一,树立家规,发挥家规的严厉处罚作用。家规以"明人伦"为道德目标,以"严爱殷责,奖罚结合"为德育方法。家长需要树立"和谐顺敬,勤俭持家"的齐家之道、"以德立身,杜绝恶习"的修身之道以及"忠信笃敬,择贤而交"的处世之道,从而为子女提供价值参照与道德指导。

第二,传承家训,充分发挥教戒作用。家长应以中国古代传统家训中蕴含的丰富德育思想为训:注重爱的教育,在孩子成长过程中进行适度的"劳其筋骨,饿其体肤"式的挫折教育;注重言传与身教,家长一定要不断坚持提高自身品德修养,要有率先垂范的意识;注重家庭外部环境熏陶,营造良好外围环境,用"润物细无声"的方式陶冶孩子的情操,在日常生活中要教导孩子"谨慎择友",与拥有高尚情操的人为伍。

第三,营造优良家风,发挥家风的环境熏陶作用。良好的生活环境可以陶冶孩子的情操,达到事半功倍的成效。家庭内部可开展周期性的家庭德育活动,听取家庭成员的批评与建议,从而反省与总结自我;让孩子从小接受诗词歌诀的熏陶,在潜移默化中以家风文化来规范自身的行为;在家中张贴古训名言,让家庭成员时时刻刻反省自我,进而约束自己的言行,从而营造和谐友爱的家庭氛围。

(二)家风建设与师风师德

家风建设是家庭文明建设的关键,更与社会风气、国家前途命运息息相关;师风师德是教师具备的最基本的风尚风气和道德素养,是教育工作者的灵魂。优秀的家风建设在师范生成长成才的过程中具有重大作用,对其践行师风师德的行为规范也产生深远影响。本节将从惯性与品性、家规与教规、家风与师风三方面展开,介绍家庭层面师范生的培养路径。

1. 惯性与品性

作为人类灵魂的工程师,教师的良好思想品性将是其最伟大人格力量的体现,只有对"怎样成为一名好教师"这一问题产生深刻认识,才能对自己提出更高要求,才能真正成为一名具有良好惯性与品性的优秀教师。而作为师范生,惯性与品性更是其成长发展的一个根本要求和重要保障。在当今教育环境大背景下,家庭教育作为三大个体教育形式之一,在日常行为习惯中对孩子良好惯性与品性的形成起着至关重要的作用。

(1)惯性与品性的概念

家庭教育是对中华优秀传统民族文化的守望和传承,家庭文化背景在很大程度上对下一代的惯性和品性产生深远影响,对师范生良好品性的形成也具有重大意义。

这里的惯性区别于物理学上的概念,指的是习惯性,是一种定型性行为,是经过反复练习或经验而形成的语言、思维、行为等所养成的**一种习惯**,也称作习惯性行为。这里的品性指的是品质的性格和特征,具体表现在人的言谈举止、待人接物等方面的特质。思想影响行为,行为养成惯性,惯性形成品性,品性决定命运——个人在反复练习或经验的学习过程中形成惯性,这种惯性作用于个体的性格和特征,对品性的形成具有一定决定性作用,而优良的品性对个体在社会生活和学习等各方面具有一定导向作用。

（2）家庭成员的日常品性习惯对师范生的意义

家长的基本责任是培养下一代的规矩意识、良好的为人处世态度及得体的行为举止等，使其成为一个品行端正的，有素质、有修养的人，为将来成为师范生所需的良好品性、习惯条件做准备。

第一，家庭成员良好的行为习惯影响师范生良好习惯的形成。家庭教育中，父母是文化教育的载体，是孩子最亲密的朋友也是最亲切的师长，父母良好的家庭教育，使其从出生之日起就耳濡目染地受家族长期以来形成的优良习惯的引导。这种引领直接潜移默化地影响他们良好习惯的形成与发展，为师范生在行为习惯等方面的需求打下坚实的基础。

第二，家庭成员隐藏在日常行为背后的思想价值导向影响师范生优良品性的形成。在长期的家庭思想氛围的影响下，孩子在道德品行、精神风貌等方面会自觉或不自觉地向家庭成员靠拢，这对正确的世界观、人生观、价值观的培育起重要作用，促使师范生树立正确的价值观念和高尚的道德情操。

（3）如何运用惯性与品性对师范生产生积极影响

家庭教育是一件很复杂的工作，家长如何合理运用其对下一代产生积极影响而避免可能产生的不良行为，从而培养将来师范生的优良惯性与品性，这是一个值得思考和深入探索的问题。

第一，家长要起到模范带头作用。教育心理学中就有关于榜样学习的说明：榜样教育在人的社会化过程中起着不可替代的作用，从动作的模拟到语言的掌握，从态度的习得到人格的形成，均可通过对榜样的观察和模仿加以完成。而师范生在小时候最开始接触到的榜样就是父母，《太子少傅箴》有云："近朱者赤，近墨者黑"，还有"孟母三迁""岳母刺字"等故事都说明家长的素养、家庭的环境与个人一生的教养息息相关。若想培养师范生的良好惯性和品性，家长首先要管理好自己的行为举止，输出正确的价值倾向和行为习惯，真正做到言传身教，使其接触到良好的品性而加以模仿。

第二，家长要做好教育引导。其内容包括尊师重教、热爱祖国等方面，这里主要是指价值观方面，即品性的引导。一是家长要树立教师在孩子心目中的正面形象，引导其在点滴小事上感受教师的爱与关怀，让他们看到教师身上的细心照料他人、尽心传道授业的优良惯性和无私奉献、呕心沥血的美好品性，从而驱使他们在成长过程中向成为一名拥有良好惯性与品性的师范生靠拢并为之努力奋斗。二是家长要树立爱国主义的价值观念和情操，重视孩子爱国情感的熏陶和培养。对国家、民族的情感是融入个人日常生活的一言一行之中的,而家庭是情感发育的摇篮,更是爱国主义情感的最主要也是最基础的发生地。家长培养孩子爱国主义的价值观念,使其今后作为一名师范生,具有更崇高的爱国精神,无私地将自己的青春奉献给祖国的教育事业,并将爱国主义情怀传递给下一代,使爱国之热血薪火相传。

第三,家长要培养孩子良好习惯。良好的习惯主要包括学习习惯、生活习惯等方面,这里主要指行为习惯,即惯性。家庭的学习氛围和家长的学习动力对孩子的学习行为习惯有巨大影响。而作为一名师范生,学会读书并且热爱读书是非常重要的,只有有兴趣地读书,才能把知识内化于心,并在之后的教学实践中传递给学生。所以家长需要积极带动并引导孩子阅读,如带领孩子到图书馆阅读,使其置身于热爱阅读的人群中,感受氛围,并选择一些孩子喜欢的书来逐步培养他们的兴趣,使其养成读书的良好惯性,为将来成为一名优秀的师范生打下坚实的基础。

教育家蔡元培先生说:"家庭者,人生最初之学校也。"家庭教育,是国民教育体系的重要组成部分,是社会和学校教育的基础、补充和延伸,它伴随人的一生,且影响人的一生,对一个人的成长成才至关重要,而且在家庭中逐渐学到的能力、知识,养成的惯性、个性品性,尤其是为人处世的态度、方式,直接影响其之后一生的成长和发展。

2. 家规与教规

一个家族的传承,在长期的历史积淀中,多以家规、家训等形式流传下来,其中蕴含着数代先辈的智慧,起着价值引导、规矩约束等作用,对下一代人格、理想、精神等方面的发展产生巨大而深远的影响。

(1)家规、家训和教规的概念

"国有国法,家有家规"[①],一个国家有一个国家的法律,一个家庭有一个家庭的规矩,不论大小,都必须有自身的法规,才能有所遵循。家规,是家风的一种表现形式,也是家庭文化中的一个重要组成部分,是指家庭成员共同遵守的道德行为规范,是以家庭为范围的道德教育形式,具体是指由家族世代传承下来的教育及规范了孙后代的行为活动准则,也是中华道德文化传承的一种方式。

俗语说:"人必有家,家必有训。"翻开各家族的族谱,各种前人的家训会映入眼帘。作为家庭或家族内部祖辈父辈对子孙后代的垂诫、训示,家训成

---

① 　温端政.中国俗语大辞典[M].上海:上海辞书出版社,2011:351.

为教育后辈的家庭教育读物,是先辈留给后人立身处世、持家创业的智慧结晶。

家规、家训的遵循对当代教规具有重要影响作用,影响教师、师范生在教规方面的履行度。这里的教规是指教师规范,是教师在履行其岗位职责过程中必须遵循的教育指导思想和进行教育活动的基本准则,具体包括思想行为、教学行为、人际行为、教师仪表行为等方面的规范,其目的是规定教育原则、言行标准、职业修养等各方面的纪律。

(2)家庭规范或家庭规训的传统作用

我国古代道德教育在家规家训的引导作用下,在历史上发挥了其重要作用:宗法制社会,以家族为中心的道德教化成为维系家族命脉的重要纽带,而以儒家思想为主导的伦理道德教化又成为维系整个中华民族生存和发展的精神支柱。家规、家训并非故纸堆中的文物,其作为国人曾经的生活指南和生存的理想途径,在今天仍具有积极的借鉴和引导意义。

第一,家规、家训起着规矩约束的作用。约束来自于规矩,制定家规、家训的主要目的就是从小培养下一代的规则意识,使其有章可循、有"法"可依。家庭的教养方式和教育理念等,在长期的家庭教育实践中形成家规、家训,对师范生的成长发展有着巨大而深远的影响,其重要性不言而喻,值得深入挖掘、研究和传承。

第二,家规、家训起着价值引导的作用。在长期耳濡目染、潜移默化的影响下,其对当代师范生在思想行为塑造、人际行为培养等众多方面存在重大影响,对正确的价值观念的形成和道德品质的培育也具有深远意义。

第三,家规、家训起着习惯培养的作用。家规、家训以先辈经验总结和理性认知为行为习惯培养榜样,使得师范生在反复练习或经验学习的过程中,逐渐在语言、思维、行为等生活方式上养成某些优良习惯。

(3)家庭规范或家庭规训对于教师规范的影响和意义

历史上,家规、家训是中华民族传统文化的瑰宝,其中蕴含着中华民族的传统美德,是中华文化价值观传承实践的重要方面,在今天这个时代仍有其独特价值和现实意义。它通过对下一代道德人格、理想胸襟、读书治学等方面耳濡目染的影响,影响并确立教师规范,包括思想行为、教学行为等规范。

第一,良好的家规、家训致力于熔铸光明伟岸的道德人格。中华民族是一个崇尚道德、重视修德的民族,历来注重立德修身、以德育人,在长期的教育实践中,在家规家训的引领下,逐渐形成了为中华儿女普遍认同的道德原则和标准。古人和今人历来都将"立德"即树立德业置于首位,如"唯德唯贤,能服于人""德才兼备""德智体全面发展"等。道德教育作为一种精神指向,具有跨越时空的生命力,在当今社会仍存在现实意义。家规家训中的"立德",在当今是全面实施素质教育的根本要求,对当代师范生的道德人格形成有不可磨灭的影响,为造就符合"有理想、有道德、有文化、有纪律的德、智、体、美等全面发展"的教师规范的师范生打下坚实的基础。

第二,良好的家规、家训致力于培养理想和无私襟怀。立志是事业成功的第一步,倘若从小没有志向,长大也许就碌碌无为。家规、家训中关于培养下一代远大目标和理想信念的意义体现在,它为其提供人生的前进动力、提高人生的精神境界、指引人生的奋斗目标,对人生历程起着导向的作用,反映的是对社会和人自身发展的期望,是下一代对未来的向往和追求。若家规、家训中有尊师重教等方面的内容,这种从小耳濡目染的理想信念培养,成为其思想、理论或事业所抱的坚定不移的观念及身体力行的态度、精神状态,为下一代趋向于成为教师的理想目标奠基,也培养之后其作为一名师范生所必须遵循的教师规范——具有为社会主义现代教育事业奉献终生的崇高精神。

第三,良好的家规、家训致力于讲求读书治学的目的和方法。关于读书的方法,古人多有灼见。如宋代诗人陆游教子诗《冬夜读书示子聿》有"纸上得来终觉浅,绝知此事要躬行",这句话饱含了作者深刻的教育思想哲理,也寄托了其对后代的殷切期望——书本知识固然重要,但如何把所学用于实践,把真知灼见化为生活的艺术,这才是应追求的。古往今来,家规、家训中劝诫读书的尚学风气仍在现代发挥其应有价值。家规家训中崇学、向学的氛围和倡导读书的思想,潜移默化地影响下一代的读书治学,使其在不知不觉中形成积极向上的尚学精神和热爱读书的优良习惯,有益于一名教师在成长途中增长专业知识,提高专业技能,使其更贴切地遵循《中小学教师职业道德规范》中所要求的"终身学习,崇尚科学精神,树立终身学习理念,拓宽知识视野,更新知识结构,潜心钻研业务,勇于探索创新,不断提高专业素养和教育教学水平"的教师规范。

3. 家风与师风

家风是一个家族主要精神、作风、品质的体现,是历经多代形成并传承下来的精神产品。好的家风,是一个家族最宝贵的财富,是家族幸福、昌盛的法宝,更是一个社会的道德支撑,对社会风气的形成有着不可磨灭的影响。教师作为社会的一员,在受到社会道德风气影响的同时,其师风在家风的精神、作风及品质等的积极引领下,在和谐向上的氛围中不断发展精进。

(1)家风和师风的概念

"家风",又称门风,一般是指家庭或家族世代相传的,在世代繁衍的长期历史发展中积淀而成的,并能身体力行和言传身教的,用以约束及规范家庭成员的生活作风,即一个家庭中的风气。家风是一个家族或家庭在长期的培育和实践下,形成的一种文化和道德氛围,是一个家族代代相传沿袭下来的,体现家族成员精神风貌、道德品质、审美情趣和价值取向等的家族文化风格,是建立在中华文化之根上的集体认同。它通过家庭成员的日常言行举止体现,是给世代家族成员树立的行为规范和价值准则,有一种强大的感染力量。家风作为一种精神力量,是每个个体成长的精神足迹,它一方面在思想道德规范上约束其成员,另一方面又使其在和谐、健康、向上的氛围中不断发展,对家族的传承、民族的发展都起到重大影响。

家风通过对每个家庭的道德规范作用,影响社会的每一个个体成员,进而达到规范整个社会风气的意义。教师作为社会成员的一部分,在受到社会风气影响的同时,也受家风的影响,良好的家风培育其端正的行为品行、得体的待人态度、坚定的理想信念、高尚的精神境界,从而影响其师风的形成与发展。"师风",意思就是老师的风度,是指教师这个行业的风尚风气,也就是师生之间保持一种人格上的平等,相互学习、相互尊重等。师风是指教育者在教学精神、教学态度和教学方法等方面形成的长期的、稳定的教育教学风气,是凝聚在教与学过程中的精神动力、态度作风、方法措施等,是教师在道德、才学、作风、素养、治教等方面的集中体现,具体反映的是教师在教学、科研等工作中体现出来的职业精神和学识风范,包括教书育人的目的、态度、行为和方法等。师风是教师的德与才的统一性表现,是其整体素质的核心,它要求教师具有高尚的师德修养和较高的专业素质,倡导教师扎实工作,从严治学,勇于创新,无私奉献。

(2)家风的传统作用及现代意义

传统家风在中国封建传统社会的政治、经济、文化等时代背景下应运而生,其宗旨是维系家庭或家族的生存与发展,主要内涵是指隐藏在具有鲜明家族特色和时代特征的生活方式、行为习惯以及家规、家训、家书等载体背后的内在价值取向、审美理想、精神追求和行为准则,起着精神引领的作用。

一方面,传统家风以儒家思想为价值指引,形成了极具鲜明价值取向的价值体系,主要表现在修身、治家、处世三方面,是传统哲学、伦理道德等精神文化在家庭生活中的体现,是中国优秀传统文化的重要内容。另一方面,传统家风中蕴含的优秀文化基因,是勤劳智慧的先辈在家庭生活、劳动生产、社会参与等诸多实践活动中逐渐形成的经验总结和理性认知,在古代中国发挥了激励个人、繁荣家族、稳定社会的重要功能。①

传统家风从根本上来讲是为封建专制统治服务的,随着时代的发展,中国特色社会主义进入新时代,我们要用批判和发展的眼光看待传统家风,应当对其认真审视、批判继承,合理借鉴并推陈出新。优秀的家风具有十分重要的教育意义,有利于推广和继承优秀传统文化,能够有效约束家庭内部成员的思想和行为,强化家庭成员对祖国的情感,更能推动社会的进步和发展。

(3)家风对于师风的影响和意义

家风作为个体道德精神的指向标,不仅是家庭精神的凝聚,更是社会风尚在家庭内部的体现。家风是社会的道德支撑,对师风也存在弥足珍贵的影响,它对教师的态度作风、道德修养、才学品行等方面提出基本要求并做出积极引领。

第一,良好的家风有利于培育"品德高尚"的师风。文化是一个民族的灵魂,中华优秀传统文化博大精深,源远流长,是我们民族最深厚的软实力,是我们文化自信的坚实根基和突出优势。中华文化所宣扬的忠孝仁爱、礼义廉耻等道德规范,几千年来潜移默化地铸就了中国人民的精神灵魂,形成中华民族的性格,培育了与人为善、刻苦耐劳和忠义爱国等优良素质,而家风则是将其贯彻落实与日常生活的体现,使每个中华儿女都能感受到中华优秀传统文化的魅力。这种良好的家风为将来培育教师的规范意识和高尚的道德情操打下了坚实的基础,使其具有高尚的师风师德和无私奉献的高贵品质。

第二,良好的家风有利于培育"终身学习"的师风。优良的家风家训能够对个体的行为进行约束,逐渐塑造良好的行为习惯,使其具备明辨是非的能力,这也是家风对个人发展与进步的重大影响。作为社会主义现代化教育事业的中坚力量,教师更应注意自身的行为品行,培育"终身学习"行为习惯和优良风尚,崇尚科学精神,拓宽知识视野,勇于探索创新,不断提高专业素养和教育教学水平。

第三,良好的家风有利于培育"爱国奉献"的师风。"家是最小国,国是

---

① 顾莉.以家风建设促进社会主义核心价值观培育研究[D].扬州:扬州大学,2019.

千万家。"我国自古就有"修身、齐家、治国、平天下"的思想,个人的前程命运与民族、国家的前途与命运是密不可分的,而家庭是将个人与国家联系起来的主要纽带,这对个人的发展前途产生深远影响。个人接受良好家风的引导,持续地提升自身素养和品质,这不仅是个人价值的深刻体现,更是为民族的发展和国家的振兴做出自己的贡献。教师更需要发挥其作为人类灵魂工程师的作用,形成"热爱祖国,热爱人民"的优良师风,自觉地将个人前途与国家命运关联在一起,全面贯彻国家教育方针,自觉遵守教育法律法规,依法履行教师职责权利,为社会主义现代教育事业添砖加瓦,为实现中华民族伟大复兴的目标而奋斗。

(三)贯彻家庭教育促进法

2021 年 10 月 23 日,《中华人民共和国家庭教育促进法》正式公布,将家庭教育由家事上升为国事,对依法治家、依法家教、依法德育提出了新要求。国家、社会、学校以及家长自身需要共同努力,为家庭教育赋能,从而为师范生成长成才提供优渥的家庭土壤。

1. 依法治家

家庭生活属于社会生活的一个侧面,社会的安定与否、民族的兴旺与否都与家庭的兴衰息息相关。国与家一脉相承,家和才有万事兴,家庭与社会有着极为密切的联系。家庭的稳定是社会稳定的基础,所以,强调依法治国,不能偏废依法治家。依法治家,使得家庭管理科学有序地开展,为师范生营造良好的成长环境,从而培养更加优秀的未来教师。

(1)家庭管理的新要求

第十三届全国人民代表大会常务委员会第三十一次会议通过的《中华人民共和国家庭教育促进法》使得家庭教育进入了有法可依的时代的同时,也对家庭管理提出了新要求、新期望,主要体现在以下三个方面。

第一,增强家庭管理者的主体责任意识。"生而不养、养而不教"的问题依然存在于当今社会之中。相当一部分家长未能清楚地认识自己的家庭管理责任,未认识到家庭管理对促进孩子健康成长的重要意义,甚至有部分家长以各种借口推托自己的管理责任,将责任全部推卸给长辈或学校。

第二,提高家庭管理的科学性。现今,"万般皆下品,唯有读书高"的思想依旧被相当一部分家长奉为圭臬,被视为教养管理孩子的准则。缺乏正确的成才观、教育理念落后等问题是家庭管理中亟待改善的方面。同时缺乏有效沟通与陪伴的现象在当今家庭中普遍存在，家长缺乏科学的沟通技巧与亲子互动观念，使得他们对家庭管理感到力不从心。

第三，家庭管理应走出家庭。留守儿童、单亲孩子、问题儿童等特殊群体的发展和生存状况需要全社会的关注，需要社会各界给予关怀与帮助。全社会应为家庭教育赋能。社会各界人士在对问题家长进行追责和批评的同时，也应为他们提供有效的支持和帮助。与此同时，目前家庭管理公共服务体系仍处于相对滞后的状态，家庭管理指导市场比较混乱。政府应加强管理，继续出台相应政策，促进家庭管理指导市场的规范化，为更多家庭带来科学的管理理念和方法，为依法治家保驾护航。

（2）家庭管理如何调整

《家庭教育促进法》开宗明义，第一条即明确指出了本法制定的主旨："为了发扬中华民族重视家庭教育的优良传统，引导全社会注重家庭、家教、家风，增进家庭幸福与社会和谐，培养德智体美劳全面发展的社会主义建设者和接班人。"因此，家庭管理可从以下三方面进行调整。

第一，回归"立德树人"的本心。《家庭教育促进法》为家庭管理提出了立德树人的目标，具有正本清源的作用。家庭管理的第一要务不是学科知识的传授，而是思想品德、行为习惯、理想信念的培养。在家庭管理中，家长应怀着有立德树人本心，树立科学健康家庭教育理念，为家庭构建良好教育生态。

第二，提高家长履职意识。《家庭教育促进法》第四条明确规定："未成年人的父母或者其他监护人负责实施家庭教育。"这是《家庭教育促进法》的最大贡献之一。在新时代，父母作为家庭教育主体责任人，应增强管理角色意识，成为具有专业素养的家庭管理工作者与和孩子共同成长的家庭管理终身实践者。

第三，加大国家和社会的支持力度。《家庭教育促进法》在总则第四条中明确指出："国家和社会为家庭教育提供指导、支持和服务。"整个社会要形成协同育人的新格局，政府相关部门需要拥有高度的责任感，依法开展家庭管理促进工作，建立由政府、学校、社会、家庭等多元主体协作的教育工作系统，通过政府主导，实现家庭教育的共建共治共享。

（3）如何进行新的家庭管理

家庭管理迈入新时代，需要多方的共同努力与支持。既需要家庭管理的主体强化责任意识、树立科学观念，也需要学校、社会与家庭的联动。

第一,强化主动责任与担当意识,让管理责任回归本位。家长们不能把家庭管理的责任抛给长辈,也不能把教育孩子的责任一股脑儿全部抛给学校或者认为给孩子多报班就是尽责任,而是要把属于自己的那部分责任承担起来。同时,要提高父亲在家庭管理中的参与度和参与质量。父职缺席会对孩子的健康成长造成负面影响,故应促进父亲角色回归家庭管理的本位,与母亲共同参与到家庭管理之中,在孩子的生活和成长中发挥积极的作用,构建全员参与的家庭教育环境。

第二,树立科学管理观,促进家长成为合格的管理者。家长要抛弃"小我"的育人观念,融入社会发展的"大我"伟业之中。家长应当树立终身学习的理念,不断充实自己,做到与时俱进。一方面,家长要主动地学习心理学、教育学等相关学科知识,并踊跃地投身于学校组织的活动和社区举办的公益讲座之中,让自己对孩子身心发展的规律有更加深入的了解,从而树立科学的养育观。另一方面,家长要注重通过高质量的陪伴来对孩子进行教育。孩子的世界是很简单的,他所希望和向往的是父母的陪伴和爱。一个在爱中成长的孩子一定是阳光、自信的,父母的陪伴对于孩子性格的形成至关重要。有意义的陪伴在于陪伴的质量而不在于陪伴的时间多少。在陪伴孩子时,要有足够专注力和有耐心,让孩子充分体验到被信任和爱着的感受。

第三,动员全社会力量共同参与,加强"家校社"协调管理。家庭、学校、社会协同育人机制是指国家为推动教育目的实现,落实立德树人根本任务,建立由政府驱动、学校主导、社会支持、家庭参与、多元主体协作的共建共治共享的教育工作系统及工作原理。① 家庭、社区、学校要形成全方位的联系,建立立体沟通渠道,为孩子的健康成长提供和谐、优质、宽泛的育人环境,达到协同育人的目标。通过搭建家校零距离交流平台、组织"家长学校"、开展家长开放日活动、鼓励学生参与社区活动等,促进"家校社"协同管理机制的落地,使家庭管理开展更为系统、广泛、深入。

2. 依法家教

《家庭教育促进法》第二条明确指出:"本法所称家庭教育,是指父母或者其他监护人为促进未成年人全面健康成长,对其实施的道德品质、身体素质、生活技能、文化修养、行为习惯等方面的培育、引导和影响。"该法的颁布使家庭教育进入了有法可依的时代,对于我国家庭教育事业具有里程碑式

---

① 曹瑞.全社会为家庭教育赋能护航未成年人健康成长[J].中国民族教育,2021(12).

的意义。家庭教育的科学开展,将会提高师范生各方面素质,使其更适应未来的教学岗位与科学地开展教学任务。

(1)家庭教育的新要求

《家庭教育促进法》对家庭教育提出新要求,引领新方向,那么家长该如何调整并实现科学的家庭教育,以下是对该法的部分解读。

第一,尊重孩子身心发展规律和个体差异。教育心理学研究表明,个体身心发展的顺序性是一个由低级到高级、由简单到复杂、由量变到质变的过程,具有一定的方向性和先后顺序,既不能逾越,也不会逆向发展。家长在进行家庭教育时,要尊重个体身心发展的顺序性,细心耐心,不能急于求成、拔苗助长,否则,非但达不到应有的教育效果,还可能适得其反,甚至损害孩子的身心健康,影响孩子的终身发展。

第二,尊重孩子人格尊严,保护未成年人隐私权和个人信息,保障未成年人合法权益。家长首先要承认并重视孩子的人格尊严,形成尊重其人格尊严的认识。孩子具有被人尊重的心理需要,这种需要首先要得到父母的尊重。父母要平等公正地对待孩子,不能将其当成自己的私有财产或物品。

第三,遵循家庭教育特点,贯彻科学的家庭教育理念和方法。科学的家庭教育理念是家庭教育的核心指导思想,是无形中推动孩子正向积极发展的中坚力量,它对传统错误的家庭教育方式进行反思,有益于孩子的健康成长。科学的家庭教育理念指导其教育方式方法,而科学的教育方法往往起到事半功倍的效果,从而使其更明确自己的教育目标并实现更加理想的结果。

第四,家庭教育、学校教育、社会教育紧密结合、协调一致。家庭教育、学校教育和社会教育是教育的三种基本形式,它们以不同的空间和时间形式占据了孩子的整个生活,无论哪一方面出现空白,对孩子的人生来说都是一种缺陷。与家庭教育相比,学校教育更有利于孩子较为系统地掌握科学知识,形成良好的道德品质;社会教育的教育方式更加灵活多样,有利于孩子了解自然社会,发展兴趣爱好,培育健康的人格。只有这三种教育协调一致,互相配合,才能实现整个教育的紧密衔接,才能保证整个教育在方向上的高度一致。

(2)家庭教育的调整

家庭教育如何走上科学轨道是当下的一个重要课题,爱孩子是父母的天性,但是会爱孩子是一门科学。《家庭教育促进法》这部法律颁布实施的重大意义之一,就在于规范和引领广大家长把家庭教育作为一门科学,要科学实施家庭教育。

第一,家长要增强家庭教育的意识。《家庭教育促进法》明确父母及其监护人是家庭教育的主体责任人,教育孩子是家长的法定职责。但是家庭教育又是一个具有专业要求的教育行为,家长必须提高家庭教育素养,担负起家庭教育的职责。这是一个新的重大挑战,所以家长必须要增强家庭教育的专业角色意识。

第二,家长要明确家庭教育的定位。家庭教育说到底是在家庭生活中进行如何做人的教育,这是家庭教育最根本的责任和使命。《家庭教育促进法》规定了家庭教育要对孩子进行道德品质的教育、身体素质的教育、生活技能的教育、文化修养的教育、行为习惯养成的教育,对家长、对家庭教育的定位回到了家庭教育自身的本质特征上来。

第三,家长要懂得家庭教育的特点。家庭教育的第一个特点是潜移默化,它是环境熏陶的教育,是在良好的家庭生活环境里潜移默化对孩子产生影响的教育。第二个特点是生活教育,家庭教育是在生活当中进行的教育,脱离了家庭生活,家庭教育就成了无源之水、无本之木。第三个特点,家庭教育是相机而教的,就是在家庭生活当中,并在生活中唤醒了孩子成长意识的时候,给他一个适当的引导,而不是刻意的说教教育。

（3）家庭教育的实现

家庭教育的内容和实现形式多种多样,《家庭教育促进法》对家庭教育作了多项引导性的规定,主要集中概括为以下三点。

第一,培养爱国主义、家国情怀。作为中国人,首先要热爱祖国。要想成为有道德的新时代好少年,首先要有一颗爱国之心。青少年的价值观养成十分重要,像穿衣服扣扣子一样,人生的扣子从一开始就要扣好,孩子从小就要扣好"爱国"这颗扣子。"以热爱祖国为荣,以背叛祖国为耻",爱国主义价值观念通常经过家庭日常生活中的一言一行体现出来。因此,在日常生活的小事上处处有意识地宣传爱国主义,是为人父母者的责任,家长要教育孩子爱党、爱国、爱人民、爱集体、爱社会主义,树立维护国家统一的观念,铸牢中华民族共同体意识,培养家国情怀。

第二,培养良好道德品质和行为习惯。在时代发展的需求下,培育孩子优秀的道德品质和健康的心理品质是必要的,这有利于其成长发展,它们主要包括健康向上的情感、坚强不屈的意志、积极良好的兴趣、坚定崇高的思想、优雅不俗的气质和良好的行为习惯等。远大的理想、高尚的情操、坚定的意志、开拓进取的精神等在其健康成长的过程中发挥重大影响。家长需教育孩子崇德向善、尊老爱幼、热爱家庭、勤俭节约、团结互助、诚信友爱、遵纪守法等,培养其良好社会公德、家庭美德、个人品德意识和法治意识。

第三,树立正确的成才观。引导其培养广泛兴趣爱好、健康审美追求和良好学习习惯,增强科学探索精神、创新意识和能力,树立正确的劳动观念。家长要帮助孩子树立"崇尚劳动、热爱劳动、辛勤劳动、诚实劳动"的观念,教育孩子从小热爱劳动、热爱创造,鼓励其参加力所能及的劳动,提高生活自理能力和独立生活能力,通过劳动和创造播种希望、收获果实,也通过劳动和创造磨炼意志、提高自己,养成吃苦耐劳的优秀品格和热爱劳动的良好习惯。

3. 依法德育

《家庭教育促进法》使得家庭德育也进入了有法可依的年代。家庭德育是个体一生中最初的"思政课",上好这堂人生道德启蒙课,对培养有情怀、有温度的师范生具有奠基作用。

（1）家庭德育的内涵

家庭德育的思想具有源远流长的特点,其内涵也是因时而变的,当今我们可从家庭德育的定位、性质及具体内容等方面解读新时代家庭德育的内涵:从定位上看,家庭教育以立德树人为根本任务,培育和践行社会主义核心价值观,运用中华民族优秀传统文化、革命文化、社会主义先进文化,促进孩子健康成长;从性质上看,家庭德育将家庭定义为人生的第一个课堂。家庭德育是孩子道德修养的起点,对孩子人格的塑造起着极其重要的作用;从具体内容上看,家庭德育兼容传统美德与政治觉悟。家庭德育既是对孩子道德的启蒙,也是对孩子公民意识、国家认同感以及国家主人翁意识的培育。家庭德育完成传播传统美德任务的同时,也要积极培育孩子的政治参与感。家庭德育的任务不仅仅是让孩子拥有良好的私德,更要求孩子具备家国情怀与高瞻远瞩的全局观念。

（2）家庭德育的方法

家庭德育作为人格素质教育,是触及心灵和灵魂的教育,它培养孩子最重要的道德品德,需要注意其方式方法及要求。

第一,注重言传身教。"言传身教",其中"言"的部分在孩子身上的作用有限,实际上"身教"重于"言传",家长要以身作则,做孩子的榜样。父母是孩子的第一任老师,对孩子进行德育教育,首先需要父母带头做出示范,使自己的言行举止、待人接物的态度等符合社会基本道德规范,在潜移默化中培育孩子的行为规范和道德品质。

第二,教导结合、启发思考。家长在进行德育教育时不能仅仅浮于表面,需要引导孩子从具体事例中领悟其中体现的深刻内涵,并思考对其道德理想、审美内涵、理想信念等人生价值方向追寻的启发。而且家长在进行德育教育时,不能仅仅停留在理论层面,更应该引导孩子进行劳动实践活动,并在其中传授家长的生活经验,培养孩子的责任心。

第三,运用趣味性方式,寓教于乐。说理是家庭德育的常用手段,但是大量的道理灌输容易使孩子产生逆反、厌烦的心理。家长对孩子进行道德教育时,不能仅仅输出苍白的理论,还要注意使用具有形象性、趣味性的教育方法,例如游戏、故事等,将枯燥乏味的知识蕴含在孩子喜闻乐见的形式中,使孩子更好地从中受到启发、得到教育,从而培养高尚情操。

家庭德育教育的作用贯穿于孩子思想品德形成过程的始终。家庭与社会息息相关,家齐而国治,故家庭德育良好,孩子品行端正,不仅关系到孩子的健康成长,更是关系到国家繁荣昌盛的大事,关系到整个社会风气。因此,家长应该把家庭德育看作整个社会主义教育事业的有机组成部分,严肃认真地对待。

(3)家庭德育的成果预期

家庭德育以立德树人为根本任务,培养德智体美劳全面发展的社会主义建设者和接班人,家庭德育的预期成果可从个人、社会及国家三个层面进行概述。

第一,从个人层面上看,家庭德育有培育健康全面发展的人。《家庭教育促进法》第三条指出:"家庭教育以立德树人为根本任务,培育和践行社会主义核心价值观,弘扬中华民族优秀传统文化、革命文化、社会主义先进文化,促进未成年人健康成长。"家庭德育培养拥有家国情怀、崇德向善、广泛兴趣爱好、健康审美追求、良好学习和生活习惯、珍爱生命、热爱劳动、吃苦耐劳的时代新人。

第二,从社会层面上看,家庭德育有利于和谐社会的构建。《家庭教育促进法》第二条指出:"本法所称家庭教育,是指父母或者其他监护人为促进未成年人全面健康成长,对其实施的道德品质、身体素质、生活技能、文化修养、行为习惯等方面的培育、引导和影响。"该法明确了家庭教育的实施者,利于父母回归家庭,有助于解决留守儿童、隔代抚养、父亲缺位等社会问题。同时该法与"双减"政策相结合,有利于减少家长的教育焦虑,让家庭教育回归立德树人的本位。家庭德育是社会治理的重要基点,只有踏踏实实地做好家庭德育工作,建设好每一个家庭,才能促进和谐社会的构建。

第三,从国家层面上看,家庭德育有利于中华民族伟大复兴的实现。家庭是构建社会的基本单位。家庭德育负有对青少年社会教化的重任,也是国家整体建设质量的衡量标准之一。家庭德育既是对个体道德的启蒙,也是对个体公民意识、国家认同感以及国家主人翁意识的培育。家庭德育完成传播传统美德任务的同时,也培育了个体的政治参与感。家庭德育是国家治理的依托,只有充分发挥好家庭德育的作用,培养具有高尚品行和家国情怀的时代新人,构建和谐社会,促进个人与社会不断发展前进,才能实现中华民族的伟大复兴。

参考文献

一、学术著作

顾明远. 教育大辞典[M]. 上海：上海教育出版社，1998.

胡守秦. 德育原理[M]. 北京：北京师范大学出版社，1989.

南京师范大学教育系. 教育学[M]. 北京：人民教育出版社，1984.

檀传宝. 走向新师德[M]. 北京：北京师范大学出版社，2009.

温端政. 中国俗语大辞典[M]. 上海：上海辞书出版社，2011.

赵祖地. 高校德育评估概论[M]. 杭州：浙江人民出版社，2003.

中国大百科全书总编辑委员会. 中国大百科全书·教育卷[M]. 北京. 中国大百科全书出版社，1986.

二、期刊论文

蔡小葵. 从德育工作者的视角看高职院校师德建设[J]. 湖南科技学院学报，2012，33(4).

曹剑. 新时期师德师风建设研究[J]. 教育与职业，2013(32).

曹瑞. 全社会为家庭教育赋能护航未成年人健康成长[J]. 中国民族教育，2021(12).

陈飞. 价值主体论视角下高师院校师范生师德养成研究[J]. 教育探索，2015(7).

陈孟增. 新时代背景下地方高校师范生师德养成教育的理论与实践[J]. 北京印刷学院学报，2020，28(6).

陈澍. 谈高校教师师德修养的现实意义及途径[J]. 牡丹江师范学院学

报(哲学社会科学版),2005(8).

程银.新媒体视域下高校学生党建引领学风建设的逻辑思路[J].经济研究导刊,2021(12).

戴建兵.习近平教育论述探析[J].河北师范大学学报(教育科学版),2020,22(5).

董菁,戚跃华.高校师德建设障碍与教师职业信仰内容研究[J].吕梁教育学院学报,2014(12).

高璇.本科生导师制:高等教育质量提升的新探索[J].教书育人(高教论坛),2019(36).

顾黎花.以班级文化建设为引领,开创德育工作新局面[J].启迪与智慧(教育),2019(6).

顾莉.以家风建设促进社会主义核心价值观培育研究[D].扬州:扬州大学,2019.

国家教委.中国普通高校德育大纲[J].中国高等教育,1996(2).

韩婷婷.网络环境下高校德育工作优化策略研究[J].教育教学论坛,2020(44).

何东燕,张建军.实施德育工作班级负责制的实践与思考[J].安徽农学通报(下半月刊),2011,17(2).

黄晶晶.有效实现小组互助合作学习的方法[J].教师博览(科研版),2014(5).

黄林静,张佳琪,熊密密."三全育人"格局背景下高校发展性资助育人模式探究——以湖南师范大学"爱尔兰华侨基金"为例[J].黑龙江科学,2022,13(1).

黄显超.浅谈强化职校党员在德育工作中的作用及途径[J].江汉石油职工大学学报,2008(1).

黄子涵.高校学生组织育人新模式的实践探索[J].科教文汇(上旬刊),2021(2).

孔令红.中职学校班级文化建设的思考[J].中国教育技术装备,2012(2).

雷蕾蕾."三位一体"中学生德育模式问题研究[D].济南:山东师范大学,2019.

李成瑶.基于德育视域的大学生朋辈互助教育模式探索[J].现代交际,2018(7).

李华.师范生师德课程中加强实践教学的路径探索[J].文化创新比较研究,2019,3(7).

李军.以班级文化建设为载体的学校德育模式的创新研究[J].当代家庭教育,2022(2).

李汝璇.新时代榜样教育的解析与重塑[J].北华航天工业学院学报,2021,31(6).

李瑞东.积极探索未成年人思想道德建设新思路、新方法[J].江西教育,2004(10).

李文斌.班级德育建设策略新探[J].科学咨询(教育科研),2020(1).

李响,曹丽.终身教育视域下开放教育教师师德及其内涵研究[J].吉林广播电视大学学报,2018(8).

李鑫,许静波.高校校史文化融入大学生德育路径探析[J].边疆经济与文化,2021(11).

李雪,林海亮.论师德能力[J].高教探索,2017(7).

李艳.班级文化建设在德育工作中的作用[J].知识窗(教师版),2018(10).

李志兵.基于具身认知理论的师范生师德养成教育研究[J].学校党建与思想教育,2021(2).

林春蓉.社会主义核心价值体系引领下高校德育与社区德育双向互动研究[J].长春师范大学学报,2016,35(3).

刘海滨.风险评估视角下师范生免费教育政策研究[D].长春:东北师范大学,2015.

刘华丽.谈如何利用班级文化建设助力德育工作[J].中华活页文选(教师版),2021(7).

刘梦华,高文涛.教师专业化背景下师范生的师德教育:内涵、意义与实施路径[J].扬州大学学报,2021(5).

刘青.德育概念综述[J].知识经济,2011(8).

刘素萍.高校建设探析[J].天津中德职业技术学院学报,2015(5).

刘晓鹤.新常态下高校师德信仰的反思与建设研究[J].长江丛刊,2017(1).

刘晓玲.高等师范院校班主任工作策略研究[J].当代教研论丛,2016(10).

刘智敏,许志刚.大学生本科生学业导师制的实践研究[J].创新创业理论研究与实践,2021,4(3).

　　卢波.社区德育的功能及其特征[J].西南师范大学学报,2003(3).

　　陆有铨.用"道德"的方法养成道德[J].当代青年研究,2008(8).

　　马丽.论制约中小学教师德育价值取向的内外因素[J].辽宁师专学报(社会科学版),2005(3).

　　逄世丽,赵宝珍.论高校德育目标的内涵及其实现[J].新学术,2007(4).

　　彭金.如何培养学生的反馈素养[J].现代中小学教育,2022(1).

　　秦茂森.新常态下中华优秀传统文化与高校德育融合的保障体系构建研究[J].教育探索,2020(5).

　　邱子桐,徐静,范鸣.自媒体时代大学生同伴互助的德育范式研究[J].连云港师范高等专科学校学报,2017(12).

　　曲翔,彭雪婷.高校班集体建设与培育时代新人研究[J].学校党建与思想教育,2021(21).

　　冉春桃.论社会主义核心价值体系大众化与高校师德师风建设[J].中南民族大学学报(人文社会科学版),2013,33(1).

　　任精举.高校参与社区治理的对策研究[D].南京:南京理工大学,2013.

　　宋振美.师德建设视域下高校青年教师的职业信仰与教育[J].教育教学论坛,2010(5).

　　苏旭东.社区德育的生态边缘效应——基于高校德育场域的延展与反哺的双向视角[J].韩山师范学院学报,2018,39(2).

　　孙崇正.加强教师职业道德建设努力塑造时代师魂[J].北京教育(高教版),2005(10).

　　王春明.党建工作机制加强新建本科院校德育工作[J].中国高等教育,2010(10).

　　王东芳,赵晓军.一流本科教育的导师制——基于美国文理学院案例分析[J].比较教育研究,2019,41(9).

　　王木森.帅德建设的意义及实施策略[J].教师博览,2021(8).

　　王雪萍."互联网＋"背景下师范生师德教育的创新与探索[J].食品研究与开发,2020(9).

　　王亚军,张艳.强化师德师风建设,促进教育事业发展[J].科技创新导报,2014(6).

　　王毅,贾长虹.对新世纪高校师德建设的思考[J].教育与职业,2005

(14).

王中江."身心合一"之"仁"与儒家德性伦理——郭店竹简"躳"字及儒家仁爱的构成[J].中国哲学史,2006(1).

文芳,吴德勤,李玲,钟婷婷.小学教师教育情怀的校本培养路径[J].教育科学论坛,2021(7).

吴国友.师德信仰:高校师德建设的几点思考[J].高教论坛,2013(4).

吴涛,凌越波,沈梅英.我国本科生导师制起源与发展现状研究[J].大众文艺,2019(20).

吴筱萌,牛芊宇,魏戈,荣赛波,王惠笛.小学教育专业师范生专业认知的特征探究——基于认知网络分析的途径[J].中国电化教育,2021(6).

武晓伟,马培益.高等教育教学改革背景下本科生"导师制"的研究——以X大学为例[J].高教学刊,2020(33).

夏建国,邓丹萍.社团导师制的实效性研究——从高校思想政治教育工作载体创新视角进行探析[J].思想理论教育,2007(7).

辛未,姬冰澌.师德概念研究述评[J].上海教育科研,2018(9).

邢亚希.高校网络德育研究[D].保定:河北大学,2015.

熊维娟,肖文君.新时代高校师范生德育的路径研究[J].品位·经典,2021(16).

徐丽.农村初中"三位一体"德育模式的应用研究[D].南充:西华师范大学,2021.

徐徐,朱华兵."互联网＋"时代青年教师师德素养养成路径[J].中学政治教学参考,2021(11).

杨连俊,姜建成.牢固确立新时代师德建设的信仰之基[J].江苏高教,2021(3).

易凌云.幼儿园教师专业理念与师德的定义、内容与生成[J].学前教育研究,2012(9).

尤丹丹.课堂教学、培养方案反馈机制建设探究[J].教育信息化论坛,2021(6).

于小艳,陈安娜.师德之"界"与"线"[J].教学与管理,2015(27).

余扬.试论高职院校"三全育人"体系的构建[J].公关世界,2022(1).

张聪聪.师范生师德教育改革研究[D].济宁:曲阜师范大学,2016.

张大军,刘衍玲.师德建设的关键:促进从他律向自律的转化[J].教师发展研究,2017(3).

张桂华.探析师德文化对学生的影响[J].文教资料,2015(30).

张佳.高校服务型学生党组织建设下的党员教育研究[J].公关世界,2021(21).

张京.师范类本科生就业问题研究[D].新乡:河南师范大学,2016.

张鹏.大学班级的"德"育功能建设现状及其模块化管理对策分析[J].前沿,2011(24).

张新昊.基于师范生职业认同感的学业投入研究[J].当代教育实践与教学研究,2019(20).

赵浡彤.从宏观和微观两方面建设高校班级班风学风[J].才智,2017(5).

赵曦.论高校班级文化建设困境及其创新路径[J].佳木斯职业学院学报,2021(3).

郑天仪."大思政"格局下高校学生党员教育管理创新实践[J].北京教育(德育),2021(12).

钟东.加强社区文化建设提升市民生活品质[J].杭州通讯(生活品质版),2009(7).

周静,刘勤.高校师德建设榜样热的冷思考[J].开封教育学院学报,2013,33(5).

周琴,程元梅.大学生寝室互助模式下的自我成长[J].才智,2015(2).

朱广兵.师德自我构建的困境与对策[J].基础教育研究,2013(8).

朱江,蔡玉梅.从实际出发切实提高师范生网络德育的实效性[J].教育与职业,2006(15).

邹洪杰.课程思政背景下高校美育与思政课协同育人的路径探究[J].大学,2021(44).

后 记

党和国家历来高度重视师德师风建设。2018年中共中央、国务院出台的《关于全面深化新时代教师队伍建设改革的意见》以及教育部《教师教育振兴行动计划(2018—2022)》,都特别强调要加强教师的师德师风建设。习近平总书记对教师提出了"四有好老师""四个引路人""四个相统一"等要求,强调"要引导广大教师以德立身、立德立学、以德施教"。高校师范生兼具大学生和"未来教师"的双重身份,其道德素养很大程度上影响我国未来基础教育事业的发展,所以,提升高校师范生的德育工作实效显得意义重大。

我所在的衢州学院教师教育学院具有百年师范办学历史,是一个以教师教育为特色的二级学院,在师范生培育方面积累了一定的经验,开展了一些有益的探索。为进一步加强新时期高校师范生德育工作,增强高校师范生德育工作的实效,我与学生们一起开展了多轮调查和研究,积累了诸多思考,以此成书,抛砖引玉,望有更多学者一起关注高校师范生德育的实效路径问题。

在撰著出版本书的过程中,我得到了沈小龙博士的耐心指导;教师教育学院院长贵志浩、副院长周兴平给本书提了许多专业修改意见;我的学生张雨婷、彭海倩、江雨昕、汪雨晴、余文倩、方子璇、方子蓓、童锐、孙小柠等9位同学不辞辛苦地与我一起调研并参与了部分撰写工作。浙江大学出版社的胡畔编辑为提升本书质量耗费不少心血。还有不少关心我的亲朋好友,在我研究和写作过程中一直给予我真切的支持和鼓励。对上述同志的无私帮助,我在此表示由衷的感谢。由于自身的学识有限及出版时间较紧,书中难免有疏漏或不当之处,恳请专家同仁和广大读者不吝指正。

图书在版编目(CIP)数据

　　高校师范生德育实效路径研究 / 程俊等著. —杭州：
浙江大学出版社，2022.5(2023.3 重印)
　　ISBN 978-7-308-22544-1

　　Ⅰ.①高… Ⅱ.①程… Ⅲ.①高等师范教育－德育工
作－研究－中国 Ⅳ.①G651

　　中国版本图书馆 CIP 数据核字(2022)第 064436 号

高校师范生德育实效路径研究

程　俊　等著

责任编辑	胡　畔
责任校对	赵　静
封面设计	周　灵
出版发行	浙江大学出版社
	（杭州市天目山路 148 号　邮政编码 310007）
	（网址：http://www.zjupress.com）
排　　版	浙江时代出版服务有限公司
印　　刷	广东虎彩云印刷有限公司绍兴分公司
开　　本	710mm×1000mm　1/16
印　　张	8.5
字　　数	160 千
版 印 次	2022 年 5 月第 1 版　2023 年 3 月第 2 次印刷
书　　号	ISBN 978-7-308-22544-1
定　　价	68.00 元